Zé Malandro

A Linha da Malandragem na Umbanda

Daniel Luconi
Inspirado por Pai Benedito

Zé Malandro

A Linha da Malandragem na Umbanda

MADRAS®

© 2024, Madras Editora Ltda.

Editor:
Wagner Veneziani Costa (*in memoriam*)

Produção e Capa:
Equipe Técnica Madras

Revisão:
Ana Paula Luccisano
Neuza Rosa

Dados Internacionais de Catalogação na Publicação (CIP)
(Câmara Brasileira do Livro, SP, Brasil)

Benedito, Pai (Espírito)
Zé Malandro: a linha da malandragem na umbanda /
inspirado por Pai Benedito ; [psicografado por]
Daniel Luconi. -- São Paulo, SP: Madras Editora, 2024.

ISBN 978-65-5620-057-6

1. Espiritualidade 2. Médiuns - Umbanda
3. Religiões afro-brasileiras 4. Umbanda I. Título.

23-147552   CDD-299.60981

Índices para catálogo sistemático:
1. Umbanda : Romance mediúnico 299.672
Tábata Alves da Silva - Bibliotecária - CRB-8/9253-0

É proibida a reprodução total ou parcial desta obra, de qualquer forma ou por qualquer meio eletrônico, mecânico, inclusive por meio de processos xerográficos, incluindo ainda o uso da internet, sem a permissão expressa da Madras Editora, na pessoa de seu editor (Lei nº 9.610, de 19/2/1998).

Todos os direitos desta edição reservados pela

MADRAS EDITORA LTDA.
Rua Paulo Gonçalves, 88 – Santana
CEP: 02403-020 – São Paulo/SP
Tels.: (11) 2281-5555 – (11) 98128-7754
www.madras.com.br

Índice

Prefácio 9
Capítulo I – Salve, Maestria! 11
Capítulo II – Samba de Malandro 14
Capítulo III – Sábios Conselhos 22
Capítulo IV – Em Cumbuca Quente Eu Meto a Mão. 32
Capítulo V – Início do Fim 42
Capítulo VI – Destino ou Arapuca? 51
Capítulo VII – Rei da Malandragem, Rei Tainha 60
Capítulo VIII – Culpado ou Inocente? 72
Capítulo IX – Quebrado. O Fim. 81
Capítulo X – De um Lado Amor, do Outro, Ódio 92
Capítulo XI – A Ela Nem Malandro Engana 100
Capítulo XII – Samba, Cerveja e Lágrimas 117
Capítulo XIII – Acorda, Malandro! 128
Capítulo XIV – A Arte do Livre-Arbítrio. 138
Capítulo XV – Meus Passos, Meu Caminho. 147
Capítulo XVI – Malandro Bom é Aquele que Trabalha 156
Capítulo XVII – Bem-Vindo à Malandragem! 165
Capítulo XVIII – Malandro e Exu, Sempre Unidos 172
Capítulo XIX – O Bom Malandro a Casa Torna 179
Capítulo XX – Papo Bom é de Malandro 191
Capítulo XXI – Morro em Festa 202

Malandro é luta, Malandro é garra, Malandro é ginga e Malandro na Umbanda trabalha. Malandro não coloca os pés pelas mãos, mas desata nó sem pedir permissão, e trabalha apenas sob as ordens de Deus.

Malandro não abandona ninguém, Malandro vai sempre além mergulhando profundo nos pensamentos para aqueles que se abrem aos seus mistérios.

Malandro não é vagabundo, Malandro vive no mundo e trabalha a fundo. Malandro está presente, Malandro está dentro de você, no seu dia a dia, nas suas boas atitudes e nas decisões acertadas.

Malandro não é tristeza, Malandro é alegria com energia, Malandro é habilidade com sensibilidade, Malandro está na ginga de Deus e nos filhos seus.

Zé Malandro

Prefácio

Caro leitor,

Sinto-me honrada por Daniel Luconi, o qual sempre será filho em minha casa, me convidar para prefaciar o livro *Zé Malandro – A Linha da Malandragem na Umbanda*.

Asseguro que esta obra é de extrema importância, tanto para quem já conhece a linha de trabalho de Malandro de forma mais profunda, quanto para quem ainda está iniciando os conhecimentos dessa linda linha, e nos faz pensar em nossas vidas.

Nesta obra, vocês verão que o trabalho de Malandro é de extrema relevância e de forma alguma deve ser julgado negativamente.

Muitos acham que Malandro é vagabundo ou criminoso. Nada disso. É uma linha de trabalho de muita alegria, conhecimento, sabedoria e de muito amor.

Nesta linda história, vocês verão o relato de um Malandro que, mesmo enfrentando as dificuldades diante da discriminação da sociedade e da pobreza, nos mostra que essa linha é energia, alegria; com ginga, vai desviando dos obstáculos que a vida coloca.

Em vida, mesmo diante do ódio, aprende a levar o amor e a alegria para quem quer, força para quem precisa e mostra que, com os tombos da vida, aprendemos e superamos sempre.

Mesmo com toda a sua malandragem, a vida se faz mais esperta; ele aprendeu muito com os tombos, levando as lições para o lado espiritual. Mesmo depois de desencarnado e diante da sua afinidade com a malandragem, seguiu aprendendo e trabalhando constantemente para o Bem Maior.

Esta história também é cheia de emoções e repleta de aprendizados.

Ele foi um malandro na vida que levou alegria e ginga e agora, com essa mesma alegria e ginga, trabalha na nossa amada Umbanda na linha da Malandragem.

Uma excelente leitura a todos.

Mercedes Soares
Mestra Sacerdotisa do Templo de
Doutrina Umbandista Pai Oxalá Pai Ogum

Capítulo I

Salve, Maestria!

Salve, Maestria! Quem é que nunca ouviu falar de malandro? malandro do morro, malandro da praça, malandro do samba ou malandro de bar.

Não importa qual malandro, mas sim o trabalho que ele faz.

Sou malandro e com um orgulho que me preenche por completo. Vivi nesta terra de meu Deus, onde pude desfrutar do que a vida proporciona, e não falo de dinheiro no bolso, porque com isso nunca me incomodei. Falo de livre-arbítrio, falo da liberdade de decidir e de ser livre para fazer o que quiser e bem entender.

Fui morador do morro em um lindo Rio de Janeiro, que se modernizava no início dos anos 1930. Ruas novas asfaltadas com paralelepípedos nasciam, dando espaço para carros que nelas começavam a passar.

Lá de baixo, eu olhava para longe, lá em cima, e via aos poucos o Cristo abrir seus braços para meu amado Rio de Janeiro abraçar.

Sempre tive vontade de ir aos seus pés para beijá-los e agradecer por viver.

Vivi para ver o samba e conviver no samba dentro de suas entranhas, sempre com alegria por estar entre meus amigos e, é claro, um copo de cerveja na mão.

E mulher... Eu as cortejei. Não me importava se solteira ou casada, nova ou de idade, bonita ou feia.

Não tratava a mulher como um troféu ou apenas para me satisfazer. Eu tratava a mulher como deveria ser tratada e como ainda merece ser tratada. Com amor e muito, mas muito respeito.

Dava meu carinho, amor, conselho, desejo, minha vitalidade, minha palavra e, quando merecia, meu sorriso. Jamais destratei ou bati em uma mulher, pois em mulher não se bate nem com uma rosa sem espinhos.

Eu era um negro não forte, mas com o corpo esguio, bem articulado, molejo fácil para quebrar no samba, sorriso largo e bigode fino.

Na medida do possível e sempre que possível, andava muito bem arrumado e, na noite, um paletó e chapéu era quase para mim uma obrigação usar.

De dia fazia bico e de noite gastava meu dinheiro no samba quando eu o tinha, pois não era todo dia que tinha bico.

Às vezes apostava um pouquinho nos cavalos, ganhava, mas também perdia, porém nunca recusava uma barbada.

Fé! Minha fé é algo que eu sempre tive, jamais deixei de praticar e amar minha fé.

Andava sempre com minha guia azul-clara da minha Rainha do mar no meu pescoço, com que Donana me presenteou. Semanal e rigorosamente estava no terreiro aos pés dos tambores que alto tocavam, e fortificavam minha fé e meu amor a Iemanjá e a Ogum.

Isso me levava adiante e me dava forças para viver minha vida na Terra.

Vida essa que se mostrou mais esperta que eu, apesar de meu gingado, minha esperteza e malandragem.

A vida que é a cartilha do malandro me deu amigos verdadeiros e amigos nem tão verdadeiros que, em seus livres-arbítrios, decidiram me odiar.

Diante desse ódio, eu não me rendi e com ele aprendi, porque a vida, como eu disse, é a cartilha do malandro.

Levei amor para quem quis, levei força para quem precisava, levei fé para quem se mostrava aberto a Deus, levei tombo quando precisei e levei o melhor de mim em todas as minhas ações diante de minhas próprias escolhas.

Vivi nesta Terra e de nada me arrependo. Morri nesta Terra e nasci e, por incrível que pareça, continuo aprendendo. Pelo jeito, o aprendizado será eterno.

Não fui vagabundo como alguns pensam que malandro é, eu fui malandro da vida, malandro da alegria e malandro de boas ações.

Conheci a vida e ela assim me fez, pois vivi o melhor dela no alto do Morro de malandro.

Capítulo II

Samba de malandro

Abri meus olhos e olhei para o pomposo lustre pendurado no teto com lâmpadas acesas.

– Lustre de cristal é outra coisa – falei baixinho para mim mesmo sorrindo, achando ser cristal.

Passei a mão no lençol de seda, sentindo sua maciez na palma de minha mão.

Meu corpo nu, deitado naquele lençol, relaxava de forma inexplicável.

Espreguicei-me e dei um impulso, levantando-me. Fui até a janela, admirando o céu azul-escuro da noite que caía no meu Rio de Janeiro.

Senti a brisa quente bater no meu peito desnudo e respirei fundo puxando o ar para dentro, enchendo meus pulmões.

– Ora, se vista homem. Meu marido está para chegar e você aí nu, olhando pela janela.

Olhei para traz e vi Dalva que vestia seu penhoar branco e transparente afoita, pegando minha roupa no chão e jogando em cima de mim.

– Ora, Dalva, se seu Marciano chegar, eu falo com ele, ué.

– Fala o que rapazote? Com ele você não fala nada, porque morto não fala.

Dalva era uma mulher de uns 45 anos, casada com um homem muito importante e influente da alta sociedade carioca.

Um dia, passando no calçadão, a vi e percebi na hora como olhou para mim, devorando-me com os seus olhos castanhos.

Sorri para ela, tirei meu chapéu e dois dias depois estava deitado em seus lençóis de seda que, segundo ela, eram "das Europas".

– Oxe! Ele já matou alguém por acaso? – perguntei-lhe curioso.

– Não que eu saiba, mas para ele lavar sua honra, ele manda matar.

– Então diga a ele para se preocupar em dar prazer a sua mulher em vez de se preocupar com sua honra – disse, aproximando-me de Dalva e a abracei com meu corpo nu.

– Pare, homem, pare senão a gente começa com safadeza de novo e meu marido pega a gente com a boca na botija.

Afastei-me de Dalva sorrindo para ela com o canto da boca, dizendo-lhe:

– Quando posso voltar?

– À tarde, o dia que quiser. Se não estou aqui à tarde, estou passeando à beira-mar.

– E se um dia seu marido estiver aqui e eu passar? – perguntei preocupado enquanto vestia minha calça.

– Então vou fazer assim: vou amarrar um lenço vermelho na roseira. Quando você passar, se vir o lenço lá amarrado, pode entrar. Assim, não corre risco.

– Tu é batuta mesmo, hein, Dalva – disse impressionado com a mulher.

– Sou esperta mesmo, meu maestro – respondeu-me se aproximando de mim, apertando minhas bochechas e beijando minha boca.

– Tu me arruma uns réis aí para mim?

– Arrumo sim, meu príncipe – ela me disse, indo a uma cômoda para pegar algumas notas de dinheiro e me entregar.

– Oh, Dalva, mas é muito.

– Não é não. Compre roupas para você. Quero te ver aqui como um barão.

– Não, mulher, de barão eu estou correndo, minha ricaça – respondi-lhe, colocando o paletó.

– Vá, meu príncipe. Saia pelo fundo da casa.

– Até breve, minha branca – disse-lhe, beijando-a na boca, saindo em direção à porta que eu abri com cautela e na luz da noite, sem que ninguém me visse, saí pelo fundo da casa.

Acendi um cigarro, tomando o caminho do morro pela calçada à beira-mar, indo por ela para contemplar toda a beleza do mar.

– Oh, Iemanjá, como tu és bela mesmo à noite – disse em voz alta enquanto andava pela calçada nova.

Ao chegar ao pé do morro, vi a luz na casa de Donana acesa pelo vão da porta; me aproximei, batendo nela.

– Oh! Donana! Abre para eu aí!

Logo a porta se abriu e Donana, com seu sorriso fácil e fala fina, apareceu, dizendo:

– Pedro Cruz, onde andou a tarde toda?

Donana era considerada a mãe de todos no morro, onde havia sido a antiga fazenda Quebra Cangalha. Donana havia perdido seu filho para a febre amarela, quando ele era ainda criança e meu melhor amigo. Ele tinha a minha idade e por isso Donana tinha um carinho especial por mim, já que eu perdera minha mãe e meu pai ainda adolescente. Donana queria que eu fosse morar com ela, mas eu não quis, preferi ficar sozinho em meu barraco, contudo, fazia todas as refeições na casa de Dona Ana que carinhosamente o morro chamava de Donana.

Ela era uma mulher de meia-idade e de cor morena clara, tinha quadris largos e seios fartos. Todos tratavam Donana como uma mãe.

– Ora, Donana, estava fazendo um bico em uma construção onde precisavam mudar um monte de areia do lugar.

– Não parece que pegou em uma pá a tarde toda, Pedro Cruz. Está muito arrumadinho para isso.

– Eu mantenho a classe Donana, mantenho a classe – disse-lhe, beijando-a no rosto, tirando seu sorriso grande.

– Veio comer? Vai para o samba?

– Acalme-se, Donana, uma pergunta de cada vez. Sim, vim encher o bucho, porque depois de trabalhar tanto posso comer um cavalo. E sim, vou para o samba, porque malandro, com dinheiro no bolso, não nasceu para dormir cedo – respondi a Donana, tirando o bolo de dinheiro de dentro de meu paletó.

– Oxe, que dinheiro é esse, Pedro Cruz? Bateu alguma carteira?

– Oxe digo eu, Donana. Eu já roubei alguém antes? – perguntei-lhe indignado.

– Não, Pedro Cruz, claro que não. Eu o conheço e sei que você é um homem correto.

— Só roubo coração de mulher, Donana, só coração de mulher — eu lhe disse sorrindo, dando uma parte do dinheiro para Donana.

— Por que tanto dinheiro, Pedro Cruz? Não preciso de muito não, homem.

— Compre comida aí na feira no pé do morro e alguma coisa para você, Donana. É um presente meu por cuidar tão bem de mim — respondi a Donana, fechando a mão dela para que guardasse o dinheiro.

— Obrigada, meu filho, agora se senta e come.

Enquanto comia a fabulosa comida de Donana, que era uma cozinheira de mão cheia, falávamos do progresso do Rio de Janeiro que abria e asfaltava ruas, e claro, sobre o Redentor, que, mesmo depois de um ano pronto, encantava.

— Um dia subo lá, Donana, mas tem que ser de dia para eu ver o tamanho do mar.

— Aí tu me levas — respondia Donana sorrindo.

— Quero ver você ter força para subir.

— Aí tu me levas nas costas, Pedro Cruz. Não é tão forte de tanto movimentar monte de areia? — disse Donana sorrindo, quando escutamos alguém gritar do lado de fora por mim.

— Maestria, Maestria! Aparece aí.

Olhei para Donana e lhe disse:

— É Tijolo — levantei-me para abrir a porta do barraco.

Quando me viu, ele perguntou:

— Olá, Maestria, vai ao samba?

— Salve, Maestria! Claro que vou — respondi-lhe sorrindo.

— Tu me empurras? Paga uma cerveja?

— Empurrar é uma coisa, pagar uma cerveja é outra.

Tijolo era cadeirante portador de poliomielite. Ele andava até que um dia nunca mais andou, ainda quando era criança. Mesmo assim, crescemos juntos e ele era muito apegado a mim. Era um rapaz moreno escuro, nem tão feio, nem tão bonito, que só conseguiu uma cadeira de rodas quebrada porque ela foi roubada em frente de um hospital do governo.

— Ir e ficar na secura não dá, né, Maestria?

– Claro que pago, Tijolo. Claro que pago, até porque hoje estou afortunado.

Voltei para dentro, vesti meu paletó, meu chapéu, colocando-o de lado na minha cabeça, e dei um beijo no rosto de Donana, que me olhava em silêncio.

– Até mais ver, viu, Donana.

– Vê se não gasta esse dinheiro todo com cerveja e mulher, viu?

– Se eu não gastar com mulher e cerveja vou gastar com o quê? – perguntei indignado a Donana.

– Gaste com tu mesmo, tua casa, tuas roupas.

– Isso é necessidade, Donana. Agora é diversão, até mais ver.

– Até Pedro Cruz, até.

Saí da casa de Donana e peguei a haste da cadeira de Tijolo, começando a empurrá-lo pela rua de terra e desastrosa, descendo o morro.

– Quem desceu tu até aqui? – perguntei curioso.

– Pescoço. Disse que não ia esperar por tu, porque queria encontrar uma mulher no samba.

– Pescoço? Com mulher? Será que ela enxerga? – perguntei, arrancando uma sonora gargalhada de Tijolo.

Pescoço tinha um defeito que eu achava fatal para qualquer homem: ele era invejoso e eu era um de seus principais alvos, pois eu era bem provido de beleza, e beleza, era uma coisa que faltava a ele, por isso o apelido de Pescoço. No início, ele partia para a briga com quem o chamasse assim, mas depois ficou difícil querer bater no morro inteiro. Sua inveja contra mim fazia que eu fosse seu alvo quase diário. Ele atacava qualquer ação minha e judiava de Tijolo, porque sabia que eu me importava com ele. Também em minha frente atacava minha fé, mas eu sabia que ele a praticava às escondidas. Apesar de ser uma pessoa difícil de lidar, eu o considerava por ter crescido com todos nós e ser morador do morro desde que nasceu.

– Das duas uma, Maestria: ou a mulher não enxerga ou é doente da cabeça, porque o homem é feio que machuca – respondeu-me Tijolo entre sua sonora gargalhada.

Já no pé do morro pela rua quase deserta empurrava a cadeira de Tijolo, até que de longe escutei o som do batuque do samba.

Aquele som mexia comigo, dava uma euforia em mim, que brotava dentro de mim e eu não sabia explicar. Eu vivia no samba e sempre sentia aquele sentimento gritar dentro de mim.

Acelerei o passo, querendo chegar mais rápido ao boteco onde a roda de samba estava armada.

Lá chegando com o samba tocando, posicionei Tijolo bem na entrada e fui a passos miudinhos sambando no chão de terra batida até a roda de samba, segurando meu chapéu na cabeça com minha mão direita.

Senti que começaram a tocar com mais intensidade, vendo que eu me aproximava. O batuque rompia, o cavaco gemia no choro do samba, e eu sapateava com alegria e maestria.

A impressão que tinha era de que o mundo parava quando eu sambava. Era o centro das atenções e pouco me importava.

Quando o samba calou, tirei meu chapéu e, com a alegria explodindo dentro de mim, gritei:

– Salve, Maestria! Salve o samba!

O povo do bar eufórico também gritou me respondendo, cumprimentando-me.

Olhei para os músicos ali com seus instrumentos e lhes disse:

– Abençoados sejam seus dons!

– Abençoado seja seu samba, Maestria! – respondeu-me o homem que tocava o tambor.

– Barnabé, cerveja aqui para meus amigos e uma para mim. Essa roda é por minha conta hoje – gritei ao dono do boteco.

Os músicos gritaram com euforia, pois iriam beber por minha conta. Olhei para Tijolo na porta do recinto, que me olhava de volta.

– E Barnabé, não se esquece do meu amigo ali em seu carrão – gritei sorrindo para Tijolo que me sorriu de volta.

Sob a luz fraca que iluminava o local que tinha um balcão e algumas mesas, vi, em uma delas, sentado e acompanhado de uma bela mulher, Pescoço.

Tanto Pescoço como a mulher que o acompanhava olhavam para mim, ele com a costumeira inveja e ela com os olhos fixos em mim, então, não pude resistir.

Aproximei-me deles e disse olhando para Pescoço:

– Salve Maestria!

– Pois fale, Pedro. Não me venha com essa conversa mole aqui não – resmungou Pescoço.

– Conversa mole? Deixe disso, Pescoço. Você sabe que na conversa de malandro ninguém dorme – respondi, olhando para a moça que sorriu e olhou para baixo, desviando de meu olhar.

– Pedro, vá lá sambar, vai. Não me enche o pacová.

– Só depois de saber o nome da donzela que o acompanha – disse e olhei para ela, que tornou a me olhar.

– Ela não é para seu bico, Pedro – tornou a resmungar Pescoço.

– Meu nome é Vitória – respondeu-me ela, esticando sua mão direita em minha direção.

Vitória era uma bela jovem, havia se mudado para o morro há pouco tempo, por isso eu ainda não a conhecia. Era uma mulher, pode se dizer, moderna, pois trabalhava em casa de família como serviçal para cuidar de sua mãe que era doente. Vitória era um pitelzinho de cabelos crespos, feição de menina e sorriso lindo.

Tomei sua mão e a beijei, dizendo:

– Encantado.

Pescoço, que olhava aquilo tudo, tomou a mão de Vitória com a costumeira ignorância, tirando da minha mão, e falou irritado:

– Já disse para tu ir sambar e deixar-nos em paz.

Olhei para ele indignado com sua reação e falei:

– Tá bom Maestria! Desse jeito vai ter um piripaque de tão nervoso que tu anda.

– Vai pra lá com seu amigo aleijado que tu tanto protege, resmungou Pescoço.

– Oxe, Pescoço! Será que tu não fica menos ranzinza nem ao lado de uma bela mulher? – perguntei-lhe, vendo Vitória sorrir e abaixar a cabeça.

– Estou tentando, mas tu tá me importunando – respondeu-me ele invocado.

– Está bem. Eu me vou que o samba me aguarda. E tu, minha princesa, não se preocupe, esse cachorro aí late, mas não morde – disse a Vitória, olhando em seus olhos enquanto me afastava.

Virei-me e caminhei na direção da roda de samba que cantava a plenos pulmões.

Eu sambava no meio da roda, com meu copo de cerveja na mão, cantava os sambas de bambas com sorriso no rosto e braços abertos.

À medida que o tempo passava, eu mais cantava e bebia. Sambava e bebia.

Ia me animando cada vez mais com o samba que invadia a madrugada agradável do meu Rio de Janeiro.

Capítulo III

Sábios Conselhos

Minha cabeça parecia que ia explodir de tanto latejar. Estava deitado na areia fria sobre um lençol velho para evitar o contato da areia comigo.

– Droga! Nunca mais eu bebo desse jeito – falei baixo para mim mesmo.

Olhei para o lado, vendo uma cama já feita e percebi que estava no barraco de Tainha.

Tainha era um pescador velho que havia sido um dos malandros mais respeitados da noite de meu Rio de Janeiro. Era um homem sábio que largou a boêmia por causa do amor de uma mulher. Mulher essa que havia morrido e era o motivo da grande tristeza de Tainha. Minha admiração por Tainha era tamanha que eu o tratava como um pai e todos o respeitavam no morro.

– O homem saiu cedo para pescar – disse a mim mesmo, levantando-me, batendo no paletó amassado e buscando meu chapéu.

Ao sair do barraco de pau a pique de Tainha, avistei-o de longe na praia onde ele esticava sua rede de pesca.

Caminhei em sua direção, ao me aproximar o vi tirando os peixes presos na rede e os jogava na areia, alguns ainda vivos se debatiam.

– Salve, Maestria – disse sorrindo sem forças para Tainha, que me sorriu de volta quando me viu.

– Salve, Maestro. Como está a cacholeta? – perguntou-me, sabendo bem o que eu estava sentindo.

– Está batendo igual sino, Maestria, igual sino – respondi, sentando na areia, vendo Tainha trabalhar.

– Chegou aqui ontem na bebedeira e na seresta. Tu te lembra de algo? – perguntou-me Tainha, parando de separar os peixes entrelaçados na rede.

– Lembro nada, Maestria, lembro nada.

– Imagino, deitei tu na areia e tu começou a roncar igual cuíca rachada.

– Oxe, dormi como nunca e acordei como sempre – respondi, sorrindo para o velho malandro.

– Sei bem como é – respondeu-me ele, voltando a separar os peixes da rede.

– Tu não cansa não, Tainha? – perguntei sério.

– Cansa de quê?

– De pescar, de trabalhar, tu é velho já.

– Acha que vai viver a vida toda do jeito que tu vive?

– Se eu acho? – perguntei preocupado com sua pergunta.

– Sim, uma hora tu terá que se aquietar. Porque das duas uma: ou a cachaça come seus órgãos ou a radiopatrulha te pega – argumentou Tainha, olhando em meus olhos.

Olhei de volta nos olhos dele e lhe disse sorrindo com o canto da boca:

– Esqueceu de mais uma, malandro.

– E qual é? – ele me perguntou curioso.

– Ou na ponta do revólver de um marido raivoso.

– Tem essa também. Tu se atente, Maestria, se atente, disse Tainha me alertando.

– Estou sempre atento, Tainha – respondi sorrindo, tranquilizando o velho.

– Quer comer? Está com fome? – perguntou-me Tainha.

– Ora, claro que sim. Que fará?

– Posso lhe assar um peixe.

– A essa hora? Está louco? – perguntei-lhe curioso.

– Para mim é normal, já que antes de o sol raiar estou colocando o barco na água – explicou Tainha.

– Se não tem outra coisa, que seja peixe então.

– Então venha – disse Tainha, passando por mim com um belo peixe na mão.

Levantei-me vagarosamente por causa da ressaca que sentia indo em direção a sua cabana, e Tainha já estava começando a limpar o peixe para prepará-lo.

– Preciso falar uma coisa com você – disse-me Tainha e eu senti um tom de preocupação em sua voz.

– Pois diga – respondi sentando próximo de onde ele abria o peixe com uma faca.

– Uma noite dessas, fui à macumba do Morro Baixo.

– Oxe, Tainha! O que foi fazer por lá? Tu como eu não gosta de lá, porque aquele povo gosta de fazer uma maldade. Está de de bandagem para lá? – perguntei indignado para Tainha.

– Não, Maestro, claro que não. É que andei escutando algumas coisas, aí fui lá para ter certeza do que me falaram.

– E o que lhe falaram? – tornei a perguntar curioso.

– Que Pescoço estava andando lá daqueles lados em dia de toque da macumba de lá.

Fiquei surpreso com a afirmação de Tainha e lhe disse:

– Oxe, sei que Pescoço vai à macumba da Dionísia se consultar com ela fora dos momentos de toque, pois ele diz para todo mundo que isso é coisa do diabo só para fazer birra. Mas no Morro Baixo para mim é novidade. Mas o que ele vai fazer por lá? Tu sabe? – perguntei surpreso.

– Ele tem ido lá atrás de maldade, Maestro, e maldade contra você.

Fiquei paralisado com as palavras de Tainha e, ao mesmo tempo, indignado.

– Oxe! Sei que Pescoço tem inveja. Nós crescemos juntos e ele sempre teve inveja de mim, pois além de eu ser mais bonito que ele, o povo sempre me acolheu pelas coisas que aconteceram comigo, por perder meus pais cedo. Também por Donana quase me adotar, e pela relação que eu e tu temos. Mas agora ele fazer maldade comigo com aquele povo do Morro Baixo para mim é novidade. Fico até preocupado, porque aquele povo tem prazer de fazer isso.

Tainha, que escamava o peixe, escutava tudo o que eu dizia e sem olhar para mim disse:

– Pois bem, sei que tu tem fé em Iemanjá e ela o protege, mas é bom falar com dona Dionísia sobre esse caso. Ela saberá o que fazer.

— Sem dúvida, Tainha, vou fazer isso – disse preocupado com a situação.

— E tu me promete que não falará, com Pescoço sobre isso? Deixa que com ele eu resolvo – ordenou Tainha que colocava o peixe enrolado em uma folha de bananeira no braseiro onde ele havia feito seu café da manhã.

— E o que vai falar com ele? – perguntei-lhe curioso.

— O que está feito, está feito. Quero convencê-lo a parar de fazer. Tu promete?

— Oxe, prometo. Só não sei se consigo olhar para ele, sabendo que ele anda fazendo maldade pelas minhas costas.

— Ignore, já lhe falei para que tu procure Dionísia e se proteja.

— Oxe, saindo daqui, vou lá prosear com ela.

— Está bem, Maestro. Mas vamos comer antes para curar essa sua ressaca.

— Está certo, Maestria. Vamos comer! – disse para Tainha, tentando esconder a minha preocupação diante do que ele me alertara.

Depois de comer o peixe que Tainha havia preparado, arrumei-me batendo a minha roupa em meu próprio corpo. Colocando meu chapéu, acendi um cigarro e despedi-me de Tainha. Debaixo do sol forte, saí andando pela praia rumo ao morro para o barracão de dona Dionísia.

Dona Dionísia era a dona da macumba no morro. A macumba só começava a tocar quando dona Dionísia permitisse. Era uma pessoa de pulso firme quando tinha que ser e não guardava as palavras quando tinha verdade para falar. Ela sempre tinha resposta para tudo e conhecia Iemanjá como poucos. Tudo o que eu conhecia sobre minha Deusa do Mar foi dona Dionísia quem me ensinou. Sempre, e dizia que Iemanjá era minha mãe e eu adorava escutar isso, mesmo achando que era apenas modo de ela falar.

Lá chegando, ainda debaixo do sol quente, gritei na porta do barracão:

— Oh, dona Dionísia, tu tá aí?

— Salve, Maestro – ela gritou lá de dentro.

— Salve, minha senhora! – gritei do lado de fora com respeito à dona Dionísia.

A porta se abriu e uma mulher não tão velha nem tão nova, de pele negra, corpo franzino e de feição sisuda, apareceu perante a mim. Conhecendo o jeito de dona Dionísia e sabendo quebrar tal marra, tomei sua mão e lhe disse beijando as costas da mão, olhando para ela e sorrindo:

– Tão bela, e eu seu criado.
– Oxe, menino, pare com isso.
– Salve, Maestria – disse-lhe, largando a mão de dona Dionísia.
– Tu tá meio adiantado para o toque. Não acha? – perguntou-me dona Dionísia.
– Eu sei mulher, a macumba é só à noite.
– A Umbanda, você quer dizer, não, Maestria?
– Umbanda, macumba, tudo a mesma coisa.
– Pode ser para tu tudo a mesma coisa. Mas para mim que cresci na macumba, que nada mais é do que um instrumento musical e hoje conhecendo a Umbanda e seus fundamentos, vejo uma diferença, tu visse? – retrucou dona Dionísia com certa entonação.
– É modo de dizer, Maestria! O povo tudo diz isso. Pra mim o que importa é o santo em terra me abençoando – respondi, tentando acalmar a leoa da dona Dionísia.
– Sei, sei muito bem, senhor Maestria. Que tu tá fazendo aqui tão cedo?
– Dona Dionísia, estou com uma questão aí para a senhora – disse-lhe tirando meu chapéu e segurando com as duas mãos.
– E que questão é essa?
– Tô sabendo que andam fazendo maldade comigo na macumba. Vim ver se a senhora poderia me olhar.

Dona Dionísia ficou pensativa por um instante, olhou com o semblante sério dentro de meus olhos e me disse:

– Entre, menino.

Coloquei-me para dentro do barracão, onde o espaço era cercado por toras que formavam as paredes do local e o chão feito de terra batida.

Na frente tinha uma mesa que era um altar, sobre ele havia uma imagem de Jesus, uma de São Jorge e outra de Nossa Senhora da Conceição.

Aproximei-me do altar e coloquei a mão sobre Nossa Senhora da Conceição.

– Minha mãezinha, me guie e me proteja – disse em voz baixa enquanto fazia o sinal da cruz.

Ao lado do altar havia os instrumentos que eram tocados na hora dos rituais.

– Fique aqui, menino, já volto – disse-me dona Dionísia, entrando por uma porta que dava acesso a sua casa.

Fiquei ali de pé perante o altar, segurando meu chapéu e em silêncio, aguardando dona Dionísia voltar.

Até que então ela surge, usando sua roupa branca de ritual, que era uma bata de renda e uma saia que com a borda tocava a terra batida do chão.

– Solte o chapéu, menino. Venha cá – ordenou dona Dionísia se posicionando com uma vela na mão e uma caixa de fósforos.

Depois de colocar o chapéu sob os tambores que tocavam durantes os trabalhos, posicionei-me em sua frente e olhei para ela.

– Afaste as pernas – ordenou dona Dionísia.

Obedeci-lhe, e ela colocou a vela que era esbranquiçada no chão bem embaixo de mim e acendeu.

Depois, ela ficou de pé, olhou para mim e fechou os olhos.

Olhei para ela e também fechei os meus olhos, esperando que algo ali acontecesse.

Senti que ela fez um movimento com o corpo e eu continuei de olhos fechados.

– Salve! – disse-me dona Dionísia, porém com uma voz mais grossa que o normal para ela.

Cismado com aquela voz grossa, fiquei com receio de responder e mantive o silêncio.

– Salve tu, seu moço! – insistiu a voz.

Abri meus olhos e vi dona Dionísia com a feição sisuda e enrugada. Sua boca formava um arco para baixo pela pele da bochecha que puxava. Ela estava de olhos fechados, com as mãos abaixadas e contorcidas.

– Salve! – respondi receoso.

– Tu tá com medo d'eu? – perguntou-me por meio de dona Dionísia.

– Me desculpe, Maestria, não sei o que dizer. Pensei que fosse o índio.

Dona Dionísia, incorporada, soltou uma gargalhada que me gelou a espinha de tão maquiavélica.

– O caboclo espera, agora sou eu – respondeu-me a entidade.

– E quem é você? – perguntei-lhe ressabiado.

– Tranca Ruas.

– Tranca Ruas? Catiço? – perguntei-lhe espontaneamente.

Ele abriu os olhos, ficou em silêncio por um instante e respondeu:

– Não importa para você quem eu sou ou deixo de ser. A você só importa o trabalho que faço diante da Lei Maior e Justiça de Deus.

Fiquei em silêncio por um instante diante daquela resposta curta e seca, então disse a seu Tranca Ruas:

– Desculpe se eu lhe ofendi, pois, como disse, esperava o índio, ou melhor, o caboclo.

– Ele está presente, porém pedi licença a ele, já que a dona desse aparelho tem receio de que eu venha na presença de muitos. Mas só vosmecê aqui não há problema ou há?

– Não senhor, nenhum problema, Maestria – respondi-lhe prontamente, mais com medo da reação dele do que juízo em minha cabeça.

– Está bem. Feche os seus olhos – ordenou-me Tranca Ruas.

Fechei meus olhos, obedecendo a tal ordem.

Sentia o Tranca Ruas, por meio do corpo de dona Dionísia, passar a mão sobre meu corpo, porém sem me tocar. Ele passou na minha frente, rodeou-me e passou nas minhas costas.

Então ele parou em minha frente, começando a falar com a voz engrossada e eu abaixei os olhos para ele.

– Tu sabe que a maldade do encarnado é escolha. Não sabe?

– Sim, senhor – respondi-lhe seco.

– Então tu sabe que só pega a maldade também quem escolhe.

Fiquei olhando para ele diante daquela afirmação e ele percebeu que eu não tinha entendido nada, então ele continuou:

– Tu faz maldade para alguém?

– Não senhor, jamais – respondi firme.

– É uma escolha isso, certo?

– Sim, certo.

– Então isso já é um dos motivos para você não pegar maldade. A Lei não permite a punição do inocente. Porém, há outra coisa que você deve se atentar para que a maldade não chegue.

– E o que é, Tranca Ruas?

– Vibração. Você não pode nem deve baixar seu nível de vibração para não ficar aberto para a maldade entrar.

– Oxe? Vibração? Que palavra é essa, Maestria? – perguntei surpreso.

Ele, com a fisionomia sisuda de dona Dionísia, olhou para mim por um instante e continuou:

– Vibração são seus pensamentos. Vibração é aquilo que seu coração sente. Vibração são bons e maus sentimentos. Se você está em paz, pensando em coisas boas, que tudo vai dar certo e de certa forma se sentindo feliz, você está com vibração boa. Mas se você não está em paz, pensando que nada vai dar certo, lamentando que sua vida não presta e triste, sua vibração está baixa e abrindo uma porta para a maldade. Portanto, vigiai sempre.

Entortei a cabeça pensativo nas palavras do tal Tranca Ruas e lhe disse:

– Sinto alegria de viver. Amo a minha vida e não sou de murmurar pelos cantos. Se estou triste eu sambo que tudo passa – concluí sorrindo para ele que manteve a seriedade no semblante sisudo de dona Dionísia.

– Tá certo. Tu tá vendo aqueles potes ali? – disse-me Tranca Ruas, apontando para uns potes de vidro no canto do barracão que estavam no chão.

– Sim, senhor.

– Fuce por lá que dentro de um deles tu vai achar uma medalha da cor prata com uma corrente.

Olhei para a vela acesa no chão entre minhas pernas e perguntei inutilmente:

– Posso sair daqui?

Ele me olhou sério e não respondeu nada, e eu entendendo disse:

– Com licença – e fui em direção aos potes de vidro.

Abri os potes fechados em busca da tal medalha até que em um deles a encontrei.

– É São Jorge – falei baixo.

Levantei-me e fui em direção de Tranca Ruas me posicionando com as pernas abertas sobre a vela, entregando a tal medalha em sua mão.

Ele a pegou, e passou a mão na medalha e na corrente, depois estalou os dedos e, por fim, a colocou em meu pescoço.

Estranhei tal gesto, mas aceitei de muito bom grado.

– Vá com Ele, que Ele nos guia.

– Obrigado, Tranca Ruas. Espero um dia agradecer como tu quiser.

Ele me olhou sério novamente, dizendo-me:

– Quando tu ficar feliz, eu fico junto, quando tu ficar triste, eu fico junto, quando tu vencer, eu vibro, porque a vitória é sua, quando tu perder, eu te ajudo levantar e quando tu beber, lembre-se de mim.

Sorri com uma satisfação sem tamanho diante daquelas palavras que me tocaram, em seguida, deu um tranco no corpo de dona Dionísia e ela estava de volta.

Ela colocou as mãos em sua própria cabeça, parecendo desnorteada.

– Tudo, bem, dona Dionísia?

Ela me olhou assustada e me respondeu:

– Tudo menino, tudo. Que houve aqui? – perguntou-me ela ainda assustada.

– Nada demais, tudo bem, tu não se lembra?

– Oxe, não me lembro de nada, foi muito forte.

– Nadinha? Nem da medalha que Tranca Ruas me deu?

Ela olhou a medalha que estava em meu peito e me disse:

– Minha medalha. Onde estava? Estou procurando há dias.

– Oxe, num daqueles potes ali – respondi-lhe, apontando para os potes no canto da sala.

Ela olhou para os potes e me disse:

– Oxe, bem que procurei pela casa, mas logo ali?

– Tu quer de volta? – perguntei torcendo para ela não querer.

– Não, se lhe foi dado, é seu.

– Eu adorei na verdade – disse-lhe, olhando para a medalha e continuei a falar:

– Nunca vi catiço benzer santo, esta é a primeira vez.

– Largue disso, menino. Não tem nada de catiço, esse senhor é Exu, é um povo muito sábio. Tenho aprendido muito depois que aprendi a aceitá-lo melhor.

Olhei para ela e perguntei curioso:

– Exu?

– Sim, Exu, mas não quero falar agora. Vá-se embora, porque tenho o que fazer para o toque de hoje. Tu vem?

– Claro, nunca falto – respondi-lhe animado.

– Então vá – ordenou-me dona Dionísia.

– Muito obrigado, Maestria, sinto-me melhor depois que esse Exu falou comigo.

Ela me olhou, sorriu e me disse:

– Fico contente e cada vez mais segura com isso.

– Então fique, Maestria, então fique – respondi-lhe sorrindo, colocando meu chapéu na cabeça, saí do barracão de dona Dionísia.

Levei comigo os conselhos de Tranca Ruas, o Exu. Senti-me acolhido por ele e também protegido. Mal nenhum me pegaria se me mantivesse alegre e seguro de mim mesmo. Queria aproveitar e incomodar com a minha alegria fosse quem fosse. A vida era bela e eu amava viver, amava sambar e sorrir, porém tudo isso seria posto à prova, pois esse era o caminho de minha evolução.

Capítulo IV

Em Cumbuca Quente Eu Meto a Mão

Banho tomado no fundo de casa em um cercado feito à mão. Era com balde e caneca mesmo.

Calça preta de linho, camisa branca passada por Donana, paletó preto e chapéu de lado.

Ao sair de casa, com sapato surrado e coberto de pó de barro, incomodei-me.

– Vou passar na Donana para limpar – falei para mim mesmo.

Lá chegando, bati na porta e falei:

– Salve, salve Maestria, minha flor.

Donana abriu a porta com ar de preocupada, olhou para mim e me disse:

– Pedro Cruz, estava preocupada com você, eu não o vi hoje.

– Oxe, Donana, aqui estou eu, lindo e maravilhoso – disse-lhe sorrindo, abrindo os braços.

Ela me abraçou com força, dizendo próximo ao meu ouvido:

– Senti um aperto em meu coração hoje e não tirava tu da minha cabeça. Por onde andou?

– Eu estava de manhã com Tainha e à tarde com dona Dionísia. Estava nas melhores mãos do morro, Donana, melhores mãos. Mas o que foi? – perguntei preocupado, afastando Donana de mim, segurando seus braços.

– Hoje estava pendurando a roupa no varal e vi aquele maldito do cabo Branco rondando o morro na radiopatrulha. Fiquei olhando para ele e pensei em tu. Isto não me fez bem. Aonde tu vai hoje? Fique em casa, durma aqui, jante comigo...

– Acalme-se, Donana. Acalme-se – disse, interrompendo a Donana.

– Pedro Cruz, você não entende, fique.

– Donana, estou bem, cabo Branco não me incomoda há tempos. Hoje eu sou homem feito e o covarde só atacava de menor.

Cabo Branco era um oficial de polícia que não era digno de uma farda. Era uma pessoa que apreciava violência e era extremamente injusto. Muito bruto, gostava de se sobrepor para alguns moradores do morro por serem pretos, pobres e analfabetos, por esses motivos nunca gostou de mim, que sou bicho solto. Corria boato que cabo Branco já havia até matado, porém não se sabia se este assunto era verdade ou mentira.

– Eu sei, Pedro Cruz, eu sei. Você sabe se cuidar, mas algo apertou no meu coração – insistiu Donana.

– Donana, vou para a macumba e depois ao samba. Já vou abençoado para o samba, então não se preocupe.

Donana, sentindo que não me faria mudar de ideia, lamentou:

– Tudo bem, você é quem sabe, meu filho.

– Sei sim. Estou bem apresentado? Veja! – disse sorrindo a Donana, mudando de assunto.

– Sim, meu filho, está lindo – respondeu-me, apoiando seu rosto em sua própria mão.

– Então me dê um beijo, Donana. Amanhã volto para almoçar com você, está bem?

– Vou esperar.

Dei um beijo em Donana e subi o morro em direção ao barraco de dona Dionísia.

Nem limpei meus sapatos, pois não queria escutar as lamentações de Donana.

Aproximando-me do barracão, já escutava os tambores bater forte.

Aquilo, aquele som, mexia comigo de forma inexplicável.

Era um grande prazer que eu tinha de ir à macumba, agora Umbanda, onde eu podia sambar, ser abençoado, divertir-me e estar próximo de minha rainha Iemanjá.

Por isso minha vestimenta era sempre de gala. Eu queria estar sempre apresentável.

As portas estavam abertas e o barracão cheio, deixando um espaço no meio, onde dona Dionísia e mais cinco pessoas dançavam ao som dos tambores.

Quando entrei, dona Dionísia me viu e abriu os braços para me receber.

Os garotos que tocavam os dois tambores me viram e tocaram com mais vigor, sabendo que eu responderia aos instrumentos sambando junto deles.

Tirei meu chapéu da cabeça e, a passos de samba miudinhos, fui me aproximando do altar, colocando minha mão sobre a imagem de Nossa Senhora da Conceição, fazendo o sinal da cruz.

O povo batia palma animado com meu samba e logo estava ao pé dos tambores que rugiam, sambando com força, sambando com fé e com muito amor.

Meu corpo requebrava, meu paletó acompanhava meus movimentos e então coloquei meu chapéu mais baixo, cobrindo meu olhar enquanto sambava ao pé dos tambores.

Era uma sensação indescritível que vinha de dentro de mim e me tomava por completo.

Quando os tambores se calaram em um só toque, abri meus braços e gritei:

– Salve, Maestria!

O povo bateu palmas animado com meu samba e dona Dionísia, sorrindo, aproximou-se de mim e me disse:

– Salve sua alegria, Maestro!

Tomei sua mão, beijando as costas dela e lhe falei:

– Tão bela, eu, seu criado.

Por mais que fosse o meu sinal de respeito com dona Dionísia, ela nunca se acostumava.

– Pare com isso, menino.

Eu sorria, porque sabia que ela ficava sem jeito.

Então ela olhou para os meninos quem batiam os tambores e gritou com o dedo em riste:

– Salve o povo da Mata! Salve seu Montanha!

Os meninos começaram a tocar com certo ritmo os tambores e eu me coloquei ao lado deles, dando espaço para dona Dionísia.

Enquanto eu sambava apenas com a cabeça, dona Dionísia fazia o ritual de incorporação do Caboclo da Montanha, como ela gostava de chamá-lo.

Ela estrebuchava um pouco, mas logo estava firme com o Caboclo dentro do barracão.

Agachei-me sem tocar com meus joelhos no chão para não sujar a roupa e segurei meu chapéu em meu peito.

Os tambores tocavam a todo vapor, reverenciando a chegada do Caboclo.

Olhei para ele e ele, com o pulso cerrado, batia no peito e estendia a mão em direção ao altar do barracão, dando um grito que fazia sempre para anunciar sua chegada ao barracão.

Levantei-me, coloquei o chapéu e passei a bater palmas acompanhando o som da batida dos tambores.

Sentia-me muito bem com aquilo, com o som dos tambores que rufavam, com o Caboclo que gritava, com as pessoas que ali estavam, por ver no altar Iemanjá e por fazer parte daquele lugar.

Logo o Caboclo, usando o corpo de dona Dionísia, se aproximou de mim e ajoelhou em minha frente.

Eu, novamente tirei meu chapéu, segurando-o no meu peito, agachei-me e baixei minha cabeça para ele.

Ele colocou sua mão direita sobre a minha cabeça me abençoando. Logo depois, ele tirou a mão já para girar pelo barracão diante das outras pessoas.

Levantei-me satisfeito com sua bênção, coloquei meu chapéu e, de fininho sem chamar a atenção, fui saindo pelos cantos até chegar à porta do barracão.

Senti-me leve e abençoado.

Tomei o rumo do barraco de Tijolo que já me esperava para levá-lo ao samba.

Tijolo morava em um barraco muito pequeno com sua mãe. Era muito menor do que onde eu morava. Sua mãe idosa lavava roupa para fora com dificuldade, e Tijolo a ajudava torcendo as roupas.

– A única coisa boa de ser aleijado é ter os braços fortes para torcer a roupa que minha mãe lava – ele dizia.

Bati na porta, gritando:

– Vamos simbora, Tijolo?

– Salve, Maestro! – ele gritou lá de dentro.

– Salve, Maestria! – respondi de fora, empurrando a porta, vendo-o sentado na cadeira de rodas e sua mãe deitada na cama.

– Vamos, Maestria – ele me disse, estendendo a mão para me cumprimentar.

– Não antes de pegar essa maçã – respondi, colocando a maçã em meu bolso para que eu pudesse empurrar Tijolo para fora.

Saí e comecei a descer o morro com Tijolo, mais contendo a cadeira do que empurrando entre os buracos e valas do chão de terra.

– Eita, Maestria, será que vão petrificar aqui um dia igual tá acontecendo com as ruas por aí?

– Olha Tijolo, acho que demora, pois o prefeito só olha para os ricos, nós aqui do morro não temos vez.

– Eita, Maestro, mas seria bom descer aqui com um paralelepípedo bem lisinho no chão – disse-me sorrindo Tijolo.

– Quem sabe um dia, Maestria. Quem sabe um dia!

Fui empurrando Tijolo com dificuldade até o pé do morro, lá chegando, parei para tomar fôlego e tirei a maçã do bolso para abocanhá-la.

Ao olhar para o lado, vi um moribundo sentado no chão encostado em um poste de luz que já iluminava o lugar.

Ele me vendo com a maçã na mão nada disse, mas de fato entendi.

– O que tu comeu hoje? – perguntei-lhe.

– Nada. Hoje não é meu dia – respondeu-me já se mostrando embriagado.

Olhei para a maçã ainda intacta, tornando a olhar para ele e lhe dei a maçã, colocando-a em sua mão.

– Não é muito, mas ajuda, Maestria.
– Obrigado, senhor – disse-me ele, já mordendo a fruta.
– Vamos, Tijolo?
– Oxe, Mestre! Tu com fome dando comida! – perguntou-me Tijolo indignado, olhando para trás, vendo o moribundo comer a maçã.
– Comida e palavra, sejam quais forem, não se negam a ninguém, Tijolo. Muito menos ao povo que mora pela rua – respondi sério para Tijolo.
– Tu é batuta mesmo, viu Maestro! Tu é batuta mesmo.
– Sou nada, só faço o que meu coração manda – disse-lhe, abrindo um sorriso.

Chegando ao boteco, o samba já estava a todo vapor.

Na porta já avistei Pescoço com Vitória, que trocou olhares comigo antes de abaixar a cabeça.

– Eita, Maestro. Vai pagar aquela cerveja hoje? – perguntou-me o entusiasmado Tijolo.

– Olhe, Maestria, se alguém pagar para tu que pague para mim também. Hoje estou liso igual peixe – respondi-lhe sorrindo, ajeitando a cadeira de Pescoço na porta do boteco.

– Tá certo Maestro, tá certo.

Como de costume, entrei no boteco sambando, chamando a atenção de quem lá se encontrava, mas minha real intenção era chamar a atenção de Vitória que ali estava acompanhada de Pescoço, que não a largava, nem um segundo sequer.

Meu samba era leve e lindo de se ver, e os músicos ficavam empolgados com meus passos trançando as pernas, girando e voltando a passos miudinhos no meio da roda de samba.

Entre um passo e outro, olhava para a mesa onde estavam sentados Pescoço e Vitória, que não tiravam os olhos da roda de samba.

Enquanto Pescoço bebia sua cerveja e olhava com cara de poucos amigos, Vitória permanecia com seu olhar fixo em mim sambando. Eu olhava fixo para ela por um instante, desviando o olhar para que Pescoço não percebesse.

Quando enfim cansei de sambar com o suor já molhando meu paletó preto e impecável, fui à mesa de Pescoço que, quando me aproximei, já tentou me repelir.

– Vá sambar e dar seu show, Pedro Cruz. Não cansa de se exibir, não?

Olhei para ele e sorrindo lhe respondi:

– Calma, Maestria. Venho em paz, vou até te pagar uma cerveja no fiado hoje.

Virei-me e gritei:

– Barnabé, desce mais duas cervejas bem geladas aqui.

Voltei-me, olhando para Vitória que sorriu sem graça e olhou para a mesa, desviando o olhar.

– Deixe-me fazer uma questão. Vocês estão juntos?

Vitória me olhou e antes de esboçar uma reação, Pescoço interveio:

– Não é de sua conta.

– Mas é só uma questão, velho amigo.

– E se estivermos? Qual é o problema? – perguntou-me Pescoço irado.

Barnabé colocou a cerveja na mesa e eu logo peguei a garrafa, servindo o copo de Vitória depois de Pescoço e o meu, dizendo a Pescoço:

– Problema nenhum, estimado amigo. Faço um brinde e quero ser convidado para o matrimônio. Faço questão de apadrinhar o casal.

Então levantei meu copo para o brinde. Pescoço levantou seu copo e olhou para Vitória que não se mexeu.

Olhei para ela sorrindo já entendendo a situação. Então, Pescoço olhou feio para ela que olhou para ele virando os olhos irritada, pegando seu copo com má vontade, brindando sem beber.

– Ao lindo casal – disse sorrindo, bebendo um pouco.

Pescoço bebeu virando o copo em uma talagada apenas e eu, que só havia dado um gole, enchi seu copo novamente, servindo-o.

O samba fervia enquanto nós três apenas nos olhávamos sem assunto na mesa. Eu cantava e batucava o samba, e colocava mais cerveja no copo de Pescoço, enquanto eu ainda estava no primeiro copo.

Já com as duas garrafas quase terminadas, veio de Pescoço a frase que eu tanto esperava:

– Vou aliviar e já volto.

– Vá com cuidado – disse-lhe com enorme ar de satisfação e sorriso largo.

Ele saiu do boteco, passando por Tijolo sem tomar nenhuma satisfação com ele, que só olhava para mim e Vitória.

– Não estamos juntos – disse Vitória de forma direta.
– Sei que não, minha flor. Percebi na mesma hora.
– Se percebeu por que brindou? – ela me perguntou intrigada.
– Porque queria ver sua reação. O que faz com um sujeito como Pescoço? Ele é muito feio para tanta beleza e graça.
Vitória sorriu e sem graça baixou a cabeça e me respondeu:
– Faço apenas pretexto para vir aqui vê-lo sambar.
Sorri com mais satisfação ainda e lhe disse:
– Então vamos sair daqui.
– Está louco? O homem te mata. Já percebi que ele anda com navalha no paletó.
– Navalha em mão boba de nada serve – respondi e me levantei, tomando Vitória pela mão, puxando-a para sair dali antes de Pescoço voltar.
– Barnabé, depois acerto, viu?
– Tudo certo, Maestria – gritou Barnabé de traz do balcão.
Puxando Vitória pela mão, passei por Tijolo que acompanhava tudo da porta do boteco, olhei para ele que me disse:
– Tu vai arrumar confusão, hein, malandro.
– Meu sobrenome é confusão – disse batendo minha mão no ombro de Tijolo e aproveitei para gritar para Barnabé:
– Barnabé, mais uma cerveja na minha conta aqui pro meu amigo.
Vi o sinal de positivo de Barnabé e mais do que depressa saí com Vitória pelos cantos da rua para não ser visto por Pescoço, indo em direção à praia apenas iluminada pela lua que pairava sobre o meu Rio de Janeiro.
– Diga-me, menina Vitória, se seu coração não tem dono, como tu disse que não estava de cortesia com Pescoço, como posso conquistá-lo?
Vitória abriu um sorriso com minha pergunta e me disse debochando:
– Oxe, isso é papo de malandro sambador?
Assustei-me com sua resposta, pois já não era comum uma mulher andar sozinha à noite na praia com um homem, muito menos, responder daquela forma a um homem.
– Calma, minha flor, tô só começando – disse-lhe sorrindo com gentileza.

– Entendo, Pedro, entendo – ela me respondeu sorrindo.

– Tu é uma mulher diferente mesmo, não? Trabalha, sabe lidar com a situação, não se deixa levar pela opinião de um homem.

– Isso te incomoda? – perguntou-me Vitória em tom indignado.

– Não, pelo contrário. Acho que toda mulher tem que ter sua própria opinião e vontade de fazer o que quiser. Não deve ficar abaixando a cabeça para homem nenhum. A mulher para mim é tão livre quanto o homem.

Vitória sorriu com minhas palavras e parou na areia fofa, olhando para mim.

– Tu acha que sou tão burra assim?

Eu que andava a seu lado de mãos para trás, parei e olhei para ela e dei um passo em sua direção, ficando na sua frente.

– Burra? Oxe, claro que não. Por que pergunta isso?

– Porque você só está dizendo o que eu gosto de escutar – respondeu-me sorrindo.

– E está funcionando? – perguntei-lhe também sorrindo, aproximando-me dela.

– Pior que está, malandro – tornou a me responder Vitória sorrindo, exibindo seus dentes limpos e brancos para mim.

Não resisti e dei-lhe um beijo em sua boca e ela correspondeu ao meu beijo, colocando sua mão na minha nuca.

Quando parei de beijá-la, olhei em seus olhos e lhe disse:

– Você é linda, apaixonante.

Vitória sorriu, olhou para baixo sem graça e nada respondeu.

Virei-me, oferecendo-lhe meu braço e lhe disse:

– Vamos, vou levá-la para casa.

– Sim, afinal não é bom um homem e uma mulher direita andando pela praia sem rumo.

– Sem dúvida, minha flor.

De certa forma, Vitória tinha razão, mas o que ela não sabia é que eu a havia tirado do boteco para atacar Pescoço porque ele havia feito maldade na macumba para mim. Eu na minha fé acreditava que ele tivesse feito, mas nem certeza disso eu tinha, mesmo assim saí para o ataque.

Sabia que ele viria atrás de mim e que eu iria enfrentá-lo. No fundo era o que eu queria, mas esse ato levaria a outras consequências que acabariam afetando a vida de outras pessoas, as quais eu amava.

Porém era meu livre-arbítrio, eram minhas escolhas e também seriam minhas consequências.

Capítulo V

Início do Fim

Depois de levar Vitória para casa, fui para a minha na luz do luar que iluminava o morro.

Era tarde e o morro estava quieto, eu andava por ele atravessando pelas casas até chegar à minha.

Pensava em Vitória e no beijo gostoso que havia dado nela.

Chegando ao meu barraco, vi que a porta estava aberta.

– Oxe, não me lembro de tê-la deixado assim – disse em voz baixa e me aproximei da porta, olhando para dentro do barraco escuro.

Então levei um tranco de um golpe em minhas costas, indo de peito ao chão de tão forte e meu chapéu voou para longe.

Rolei e vi Pescoço de pé olhando para mim bufando de raiva. Levantei-me rapidamente.

– Está sem juízo? – gritei para ele.

– Onde está minha mulher? – gritou Pescoço para mim.

Notei então que ele segurava em sua mão direita uma navalha já aberta, na qual a lâmina brilhante se apresentava.

– Sua mulher? Você só pode estar louco, malandro. Veja bem, olhe essa navalha cega – disse, tirando meu paletó, enrolando-o no braço e na mão esquerda.

Começamos a rodear, olhando um para o outro, a essa altura já havia muitas pessoas fora de seus barracos, olhando a grande confusão no meio da noite.

Pescoço sabia que eu conhecia os passos da capoeira, não era mestre, mas brincava com os mestres de capoeira do morro, por isso ele vinha com sua navalha na mão para me ferir.

Ele primeiro tentou me atacar e eu me protegi com o braço que estava enrolado com meu paletó, sentindo o arranhão mesmo assim.

– Pare, Pescoço, vou te pegar – alertei-o depois do golpe.

– Vou te matar, Pedro Cruz! Te matar!

Quando ele veio me golpear da mesma forma, esquivei-me e lhe lancei uma pernada que o acertou bem no rosto, indo ao chão, lançando a navalha para o outro lado.

Mais do que depressa larguei meu paletó e peguei a navalha, indo para cima de Pescoço que estava de bruços no chão quase se levantando.

Peguei em seu ombro e o virei, colocando a navalha em seu pescoço.

Meu sangue fervia, o jogo havia virado.

– Quem tu vai matar? Responde moribundo. Quem tu vai matar?

Ele me olhava assustado sem se mexer.

Olhei ao redor e havia muitas pessoas em volta.

Olhei para ele e lhe disse rangendo os dentes:

– Fique longe de mim, ouviu! Bem longe, senão o mato.

Então com a navalha em seu pescoço, rapidamente a tirei e talhei bem de leve seu rosto, fazendo o sangue escorrer.

Ele cerrou os olhos e abriu, colocando a mão para sentir o tamanho do corte.

– Não vai ficar mais feio do que já é, malandro – disse-lhe, saindo de perto dele, jogando a navalha a seu lado.

O povo que lá amontoou, vendo a confusão toda, nada dizia, então as pessoas começaram a se dispersar rapidamente.

Pescoço se levantou, pegou a navalha, fechou e me disse:

– Abra os olhos, Pedro Cruz. Porque, quando menos sentir, já aconteceu.

Peguei meu chapéu e paletó do chão e o abri, vendo o tamanho do rasgo feito pela navalha de Pescoço. Só então eu lhe disse:

– Malandro não ameaça, malandro faz. Quem ameaça é cachorro que late e não morde. Toma sua linha Pescoço, toma sua linha.

Dei as costas para ele, deixando-o para trás. O morro já estava vazio, depois de alguns passos, olhei meu paletó chateado com o rasgo feito, joguei-o no chão e continuei a descer.

Tomei a rua que beirava a praia e comecei a andar, apenas pensando no que tinha acontecido.

Estava sentindo uma mistura de raiva com arrependimento.

Eu havia usado Vitória apenas para atingir Pescoço. Sabia que ele viria ao meu encontro para tirar satisfação, porém não acreditava que ele viesse na intenção de me matar com uma navalha.

– Maldito – disse em voz baixa para mim mesmo.

Continuei a andar pela calçada nova e majestosa da praia, acabando por me acalmar aos poucos.

Peguei um cigarro no maço já quase acabando e todo amassado, acendendo-o com o fósforo.

Então, já caminhava calmamente, olhando a bela lua que iluminava o meu Rio de Janeiro.

Quando dei por mim, depois de andar muito, estava diante das belas casas à beira-mar.

O dia começava a raiar, com o céu limpo, despontava um belo dia.

Lembrei-me de Dalva, dando-me vontade de vê-la, além disso, estava sem dinheiro e precisava de um paletó novo.

Coloquei-me distante em frente de sua bela casa e lá fiquei, esperando que seu marido importante saísse para trabalhar em seu luxuoso automóvel.

Era batata, pois o homem para manter seu *status* na sociedade carioca precisava trabalhar e muito, já que tinha ligações com os governantes do meu Rio de Janeiro.

Logo ele despontou no portão, entrando no seu automóvel e de lá saiu.

Fiquei ainda esperando para ver se Dalva colocava o lenço vermelho na roseira conforme havíamos combinado, mas ela não apareceu.

Então sorrateiramente, olhando ao redor para não ser visto, aproximei-me da casa e entrei pelo portão, indo debaixo da varanda que dava acesso ao andar superior da residência, escalando cheguei a uma porta que estava aberta.

Cuidadosamente, entrei por ela e estava dentro da casa de Dalva.

Fui ao seu quarto, devagarzinho abri a porta e vi Dalva dormindo.

Entrei, fechando a porta, descalcei os sapatos e fui me deitando, abraçando Dalva pelas costas e beijei seu rosto.

Ela então acordou, tomando um grande susto.

– O que é isso! – gritou ela surpresa.

Eu, deitado na cama e sorrindo, disse para Dalva com toda calma do mundo:

– Ô minha branquinha, sou eu! Seu príncipe lhe dando um beijo de bom dia.

Dalva, ainda assustada com minha presença, perguntou:

– Está louco? E meu marido?

– Não se preocupe com seu Marciano. Eu o esperei sair para entrar. Deve estar bem longe agora em seu belo automóvel.

Dalva foi se acalmando, ficando menos ofegante.

– Eu deixei o lenço ontem amarrado na roseira e você não apareceu.

– Estava ocupado minha branquinha, mas agora estou aqui com você para você.

Ela sorriu e se deitou ao meu lado, fui beijando sua boca e o que estava calmo começou a pegar fogo, então fizemos amor.

Quando acabamos, pegamos no sono e só fui acordado por Dalva mais tarde.

– Pedro, como você entrou aqui, alguma criada o viu?

– Não, Maestria, fui sorrateiro. Ninguém me viu entrar.

– Tem certeza, Pedro?

– Sim, Dalva, ninguém me viu.

– Está bem. Vou pedir para a criada servir o almoço no quarto, direi que estou muito indisposta e ficaremos aqui hoje o dia todo. Quero você para mim.

– Como quiser, minha branquinha. Hoje estou de folga mesmo – respondi-lhe sorrindo.

Dalva vestiu seu lindo penhoar e saiu do quarto.

Aproveitei e abri o guarda roupa de seu Mariano, começando a fuçar em seus ternos.

Um me chamou a atenção. Um terno branco, que de tão branco doía os olhos, lindo e majestoso.

Dalva entrou no quarto e me viu tirando o terno do armário, olhando para ele.

– Gostou? – perguntou-me Dalva.

– Sim, muito, nunca vi tão branco assim.
– Eu comprei para Marciano na Europa, mas ele nunca usou, largou aí.
– Largou? – perguntei indignado.
– Sim, largou, nunca usou, nem sabe que existe.
Olhei para Dalva e meu olhar já dizia tudo.
– Quer provar? – perguntou-me Dalva, que me entendeu.
– Adoraria, Dalva. Posso?
– Claro, prove.
Mais que depressa, como estava apenas de ceroulas, tirei a calça do cabide e coloquei o paletó sobre a cama.
Vesti a calça que ficou um pouco larga na cintura e comprida, precisando fazer a barra.
Dalva, vendo-me vestido com a calça, disse me:
– Minha criada pode dar um jeito nisso agora. É uma costureira de mão cheia.
Coloquei um cinto na calça enquanto Dalva escolhia uma camisa branca.
Vesti a camisa branca e o paletó por cima dela.
Coloquei meus sapatos surrados pelo pó do morro, porém pretos, e Dalva me disse torcendo o nariz:
– Não combina ainda.
Então ela foi ao armário do marido que mais parecia uma butique, pegando um cinto novo preto que lustrou e me deu.
– Tome, coloque esse junto com isso.
Então me entregou com o cinto uma gravata preta. Tirei meu cinto surrado e vesti o novo cinto. Passei a gravata no pescoço, dando um nó batuta.
Dalva me olhava com um sorriso no rosto, vendo-me vestido.
– Mais uma coisa – disse-me ela.
Ela voltou ao armário e pegou em suas mãos o chapéu branco. Depois foi em uma de suas gavetas, pegando uma fita preta.
Eu, sem entender, vi quando ela mediu a fita no chapéu branco, cortou e, depois, com uma cera, colou as pontas, o que fez a fita preta abraçar o chapéu.

Então, ela se aproximou de mim e colocou o chapéu em minha cabeça, e desceu a aba cobrindo meus olhos.
– Você está magnífico – disse-me Dalva sorrindo.
Sorri de volta, abri os braços e girei, mostrando meu vestuário.
– Mais uma coisa – tornou a dizer Dalva.
Então ela tirou de uma gaveta um lenço negro e colocou na lapela do terno branco. Olhei para cima e sorri satisfeito.
– Nunca me senti tão bem, Dalva – disse feliz.
– Você está lindo, meu príncipe. Lindo! É seu todo seu.
– Tem certeza! Seu Marciano não vai dar falta de nada?
– Vai nada, ele nem sabe qual roupa tem. Se sentir falta, eu digo que dei porque estava pegando traça. Ele pouco se importa com roupas – respondeu-me Dalva, dando os ombros.
– Agora, Dalva, o povo do morro vai à loucura quando me vir assim.
– Acredito, meu príncipe. Os homens ficarão com inveja e as mulheres loucas por você – disse-me Dalva, pegando uma caixa de alfinetes, aproximando-se de mim.
Ela fez algumas pregas marcando a cintura e também a barra da calça, deixando perfeita.
– Tire tudo agora para minha criada fazer os ajustes. Também porque de roupa você não me serve para nada – ordenou Dalva, olhando-me e mordendo seus lábios.
Obedeci-lhe, e quando alguém bateu à porta, Dalva me colocou atrás dessa entrada, trocando com a criada a bandeja do almoço pelas roupas.
Ela me serviu o almoço e ficou me olhando comer aquele peixe muito bem preparado pelas suas criadas. Sentamo-nos à mesa no quarto.
– Tu não vai comer não?
– Não, depois eu belisco na cozinha – respondeu-me Dalva sorrindo.
– Você é lindo, sabia?
– Sei que sou, Dalva. Deus caprichou na minha criação – respondi-lhe sorrindo.
– Foi mesmo, seu convencido. Escute, meu marido vai fazer uma viagem hoje à noite, ficará fora por três dias. Não quer ficar aqui comigo para que eu não me sinta só?

Encarei Dalva surpreso com sua proposta e parei de comer, olhando para ela.

– Eu? Três dias aqui? Dormindo nessa cama maravilhosa com esses lençóis de seda, comendo dessa comida saborosa? Só se eu for louco de recusar.

Ela sorriu e perguntou mordendo os lábios:

– E só isso te interessa?

Percebendo milha falha completei:

– E tu, né, branquinha, tu é o principal.

– Ah bom – respondeu-me sorrindo com a mão em seu queixo, com o cotovelo apoiado na mesa.

– Então vou já, já embora avisar Donana e, à noite, volto para cá. Mas é certeza que seu marido viaje?

– Sim, certeza. Marciano é como um relógio suíço. Jamais se atrasa e honra seus compromissos.

– Então estamos combinados. Volto na calada da noite.

– E venha por onde veio hoje pela manhã. Não quero que você seja visto nem pela criadagem. Ficaremos aqui enfurnados e nos amando nesses três dias.

Sorri satisfeito com a proposta de Dalva e disse antes de tirar o sorriso do rosto:

– O problema é meu trabalho, né, Dalva, ficarei sem nenhum tostão.

– Não ficará não, dinheiro não é problema. Darei a você bom dinheiro para cobrir seu trabalho.

Sorri ainda mais e lhe respondi:

– Se tu insistes, então está mais que acertado.

Dalva também sorriu e eu voltei a comer.

Ficamos no quarto de Dalva até que a criada bateu à porta, dando para a Dalva a roupa ajustada.

Vesti e caiu tudo como uma luva.

– Deixe-me suas roupas velhas que vou mandar engomar para você.

– Obrigado, Dalva – respondi-lhe, jogando a roupa em um canto do quarto.

– À noite, então, espero você em minha cama.

– Estarei aqui, minha branquinha – disse a Dalva, beijando sua boca.

Virei as costas muito bem-vestido e desci pela varanda por onde entrei.

A noite começava a cair no meu Rio de Janeiro.

Um clima muito agradável, em que a brisa quente vinha do mar, trazendo o delicioso cheiro dele.

Acendi um cigarro e caminhei até o pé do morro aonde cheguei já com o céu estrelado. Fui direto à praia ver Tainha e mostrar minha bela roupa a ele.

Bati à sua porta e ele a abriu.

– Salve, Maestria!

– Salve, Maestro, tu tá bem nos panos hein?. Onde arrumou isso tudo?

– Olha, Tainha, olha – disse-lhe sorrindo e rodando.

– Que chiqueza é essa, hein, Maestro? Onde arrumou? – ele tornou a me perguntar.

– Uma dona da zona sul, Tainha. Estou a enamorar e ela me deu algumas coisas que seu velho marido nem sabia que existiam.

– Cuidado, hein, malandro, sabe que esse povo não fica no desaforo.

– Não se preocupe, Tainha, não se preocupe. Aliás, vou sumir por três dias, ficarei por lá. Enquanto seu marido viaja, vou para lá hoje depois do samba.

– Eita, Maestro, três dias.

– Sim e guarda segredo está bem? Só você sabe disso.

– Claro, Maestro. Claro que sim. Aliás, fiquei sabendo do rabo de arraia que tu deu em Pescoço na noite de ontem.

– Ficou é? – perguntei surpreso.

– Sim, o morro todo sabe.

– E que fique sabendo, Pescoço veio me matar. Não vale o que ele desperdiça de comida, viu Tainha.

– Cuidado, Maestro, Pescoço é cheio de vingança.

– Da vingança dele faço aperitivo, Tainha. Não se preocupe – disse desdenhando das palavras de Tainha.

– Mas tu o provocaste, não foi? Tu não gostou de ficar sabendo que ele fez maldade na macumba para você.

– Claro que provoquei, roubei a mulher dele só por diversão. Eu quero é mais que o sangue dele ferva – respondi-lhe rangendo os dentes.

– Cuidado, maestria. Só tome cuidado.

– Eu tenho, pode ficar tranquilo, Tainha. Vou ao samba e depois para a casa de minha bela dona. Segredo, hein, Tainha. Segredo.

– Pode deixar malandro – respondeu-me Tainha sorrindo.

Virei-me, acendi um cigarro e fui em direção ao samba.

Estava eu ali, bem-vestido e disposto a sambar, e depois iria à casa de Dalva tirar um descanso merecido entre lençóis de seda e boa comida.

Ia sambar e quem sabe, de quebra, irritar Pescoço sambando sobre sua raiva.

Não estava feliz com o que ele tinha feito para mim e o queria cada vez mais irritado. Ele era vingativo, porém, era um fraco.

A única coisa que eu estava esquecendo era o conselho de Tranca Ruas, o Exu, Catiço, sei lá o que era.

Ele havia recomendado não baixar a minha vibração, mas não estava levando tal conselho precioso a sério.

Estava com raiva de Pescoço e me ligando a sua raiva sem saber.

Isso seria fatal; seria o início do fim.

Capítulo VI

Destino ou Arapuca?

Não quis passar em casa de Donana para não preocupá-la. Eu já havia sumido por dias e, com isso, Donana estava acostumada.

Se eu passasse lá ela ficaria insistindo para que eu não saísse, pois estava com mau pressentimento e tal.

Fui direto para o bar do Barnabé e cheguei cedo. Ao entrar no bar vestindo aquela elegante roupa o samba parou.

Tirei meu chapéu branco com a fita preta, abri meu sorriso e disse alto:

– Salve, Maestria!

O povo me saudou de volta e o samba começou a tocar novamente.

Fui para dentro da roda a passos miudinhos, com o chapéu colado no peito e sambando como de direito.

O povo do bar parou para me ver sambar, e quem passava pela porta entrou para me ver também em terno branco e fino.

Eu flutuava enquanto sambava e a beleza do traje me acompanhava.

Coloquei o chapéu cobrindo meus olhos, balançando a cabeça de um lado para outro e meu corpo acompanhava as batidas dos instrumentos.

Era natural, o samba era a extensão de meu corpo.

Quando foi dada a última batida da música, parei, tirando meu chapéu e abri os braços com largo sorriso.

– Salve, Maestria! – gritei.

O povo aplaudiu, e quem estava sentado se levantou para aplaudir de pé.

– E aí, malandro! De onde saiu tal terno branco? – perguntou-me Vila Velha, malandro também bom de samba.

– Ô, Maestria, fruto de meu trabalho – respondi-lhe sorrindo.

– Parece doutor, hein! – retrucou Vila Velha.

– Só falta o anel, Maestria, só o anel – respondi agora gargalhando.

O samba voltou a tocar e eu comecei a sambar, trançando meus pés rapidamente.

Meu equilíbrio perfeito me mantinha firme enquanto sambava na roda de samba.

Quando parei, Barnabé veio com a cerveja na mão e me deu um copo cheio.

– Essa é por conta, Maestro, essa é por conta.

Olhei para a porta e vi Tijolo sentado em sua cadeira de rodas e fui sambando até ele que, ao me ver se aproximar, abriu um sorriso e eu lhe entreguei o copo cheio.

– Amigo meu bebe comigo.

– Maestro, o malandro mais batuta deste morro – respondeu-me Tijolo, pegando o copo de minha mão.

Ao me virar, vi sentado sozinho em uma mesa Pescoço, que me olhava com raiva com o corte aberto em seu rosto.

Desviei o olhar, ignorando sua presença e fui à roda sambar como nunca, pois sabia que ele tinha inveja por ter nascido sem molejo algum.

Sambava sob seu olhar e isso me dava mais força. Sambava como se sapateasse em sua inveja e isso me dava mais garra. Sambava com roupa elegante, coisa que ele nunca teria, e isso me dava mais prazer.

Quando a música parava, eu bebia cerveja por conta de Barnabé, pois o bar dele enchia de quem gostava de samba e de quem apreciava me ver sambar.

Então, percebi que era tarde, lembrando-me de Dalva. Peguei mais um copo de cerveja, dizendo antes de sair:

– Ao samba a quem samba e à mulher que vou beijar agora – e olhei para Pescoço que, incomodado, se remexeu na cadeira.

O povo gritou me saudando e eu virei o copo de cerveja até o último gole.

Coloquei o copo na mesa vazia batendo e saí pela porta, batendo a mão nas costas de Tijolo.

– Fique em paz, meu amigo.

– Juízo, Maestro – respondeu-me ele, bem sério.

Eu, suado de tanto sambar, acendi um cigarro e saí caminhando pelas ruas desertas do meu Rio de Janeiro em direção à casa de Dalva.

Já estava quase bêbado de tanta cerveja que havia tomado.

– Maldição! Até lá já estou de ressaca – disse baixo para mim mesmo.

Quando, do nada, vejo vindo um carro todo apagado, logo associei à radiopatrulha do cabo Branco que parou ao meu lado.

– Para aí, malandro – ordenou ele que estava sozinho dentro da radiopatrulha.

Eu, meio bêbado, parei e levantei as mãos enquanto ele saía do carro e colocava um cassetete na sua cintura.

– Ora, ora, ora. Que roupas são essas de doutor? – perguntou-me ele sorrindo em tom sarcástico.

– Boa noite, seu cabo – disse sério a ele com as mãos ainda erguidas.

– Roubou onde, negrinho? – perguntou em tom firme.

– Não roubei, seu cabo. Não sou ladrão.

– E vai me dizer que comprou com o suor de seu trabalho?

– Também não, senhor. Foi presente, seu cabo.

Eu, ali naquela situação, estava em uma rua deserta com aquele policial mal-intencionado que me fazia medir as palavras com cuidado, pois ele poderia abusar de mim já que seria a palavra dele contra a minha, e a dele sempre seria escutada e prevaleceria. Eu, negro, pobre e morador de morro, não tinha vez, apenas imagem.

– Presente, sei muito bem – disse me olhando de cima a baixo – tá indo para onde? – tornou a me interrogar.

– Só de caminhada, seu cabo. Estou sem parada.

Ele se aproximou de mim exalando raiva pelas narinas e me disse em tom baixo:

– Um dia tu vai derrapar e eu vou estar lá.

Fiquei em silêncio, ele se virou, indo para a radiopatrulha, entrou nela e saiu em disparada.

Suspirei aliviado e percebi que até o efeito da cerveja passou diante do susto.

Uma coisa é encontrá-lo no meio de muita gente, outra é encontrá-lo sozinho em uma rua deserta.

Voltei a caminhar pelas largas ruas à beira-mar diante da lua cheia que iluminava o meu Rio de Janeiro.

Então, senti um aperto em meu coração e pensei em Vitória que eu não vi no samba, mesmo que ao lado de Pescoço.

– Vou vê-la quando eu voltar ao morro – decidi.

Chegando à casa de Dalva, tive muita cautela para me aproximar, atentando para não ser visto.

Vi que o lenço vermelho estava amarrado na roseira e tive a certeza de que seu Marciano não estava em casa.

Escalei o grande portão de ferro e logo estava do lado de dentro. Tornei a olhar a rua, tendo a certeza de que ninguém havia me visto.

Então subi pela janela, pelo caminho que eu já conhecia, e entrei na casa de Dalva indo para seu quarto.

Abri a porta com cautela e o quarto iluminado pela lua permitia que eu visse Dalva sozinha na cama, onde dormia totalmente nua.

Fiquei olhando por um instante e contemplando tal imagem linda do corpo feminino refletido pela luz do luar.

Fechei a porta com cuidado e tirei minha roupa em silêncio, esticando em uma cadeira, deitei-me ao lado de Dalva, abraçando-a.

Ela, sentindo minha presença, virou-se e deu um sorriso largo.

– Ô, meu príncipe, demorou.

– Tô aqui, minha branquinha – disse-lhe, já beijando seus ombros nus.

Durante os dias que com Dalva passei, eu só descansava, fazia amor, e comia do bom e melhor.

Dalva era uma mulher alegre, linda e bem vivida. Nunca parava de falar e me paparicar.

Ela me escondia de sua criadagem para evitar falatório. Disse que estava doente e por isso não saía do quarto.

Conversávamos coisas sérias, na maioria do tempo, eu tentava me fazer de entendido para que ela pensasse que eu estava compreendendo tudo, que ela falava.

Então, num desses momentos, falei:

– Dalva, tu nunca quis ter filhos?

Senti uma tristeza em seu semblante diante de tal questão e ela olhou para baixo em silêncio.

Eu, percebendo o constrangimento, tentei remediar:

– Desculpe pela pergunta, Dalva.

– Não, tudo bem. É que não posso engravidar. Adoraria ter um filho ou uma filha, mas Marciano diz que não sou fértil.

– Oxe, como ele sabe disso? – perguntei-lhe indignado.

– Ele diz, porque a família dele toda é boa reprodutora e eu não tenho irmãos, a minha família é minguada, ele acabou chegando a essa conclusão e ficou por isso mesmo – disse-me ela não conseguindo esconder uma lágrima escorrer pelo seu rosto.

– Ah, minha branquinha, fique triste não – disse passando a mão pela sua lágrima.

– Eu sei, sempre quis um filho, mas agora não penso mais nisso, já passou meu príncipe – disse Dalva, tentando sorrir, beijando-me na boca.

Por fim, chegou o momento de me despedir de Dalva. Seu Marciano chegaria naquele dia no fim da tarde.

Vesti meu terno branco, minha gravata preta e meu chapéu de fita preta, colocando na lapela o lenço preto.

Dalva foi a uma gaveta dela e pegou uma bolada de dinheiro, colocando em minha mão.

– Dalva, isso é muito mais que da última vez.

– É só um mimo, meu príncipe. Compre outra roupa bem bonita para você.

Sorri satisfeito com tanto dinheiro e o coloquei no bolso de dentro do meu terno branco.

– Até mais ver minha branquinha – disse-lhe beijando sua boca.

– Vá e não seja visto – recomendou Dalva.

Saí pela janela, descendo com cuidado e sorrateiramente; saí da casa de Dalva sem ser visto.

Caminhei pela rua contemplando o mar e pensando o que faria com tanto dinheiro que Dalva havia me dado.

Resolvi ir à casa de Donana, já que eu não a via há dias.

Comecei a subir o morro e percebi que uma mulher me olhou de rabo de olho e fechou a porta de sua casa.

Passei por um homem que eu conhecia, pois comprava as mandiocas que ele plantava, então lhe disse sorrindo:
— Salve, Maestria!
Ele não respondeu e ficou me olhando assustado.
— Será que estão estranhando minha roupa?
Cheguei ao barraco de Donana e bati à porta.
— Salve, Maestria!
A porta se abriu rapidamente e Donana, mais que desesperada, apareceu me olhando com os olhos arregalados, puxando-me para dentro, batendo a porta.
— Pedro Cruz? O que faz aqui? — perguntou Donana aflita.
— Oxe, como assim Donana? Sou do morro.
Donana, assustada com minha presença e desesperada, me disse:
— Mataram Vitória e a mãe dela. Todos acham que foi tu.
Meus olhos esbugalharam e minhas pernas amoleceram, comecei a tremer igual bambu verde. Caí sentado na cadeira que estava atrás de mim.
Sem conseguir pensar direito, veio a imagem de Vitória em minha mente.
— O quê? Mataram Vitória? — perguntei a Donana engasgado e com os olhos cheios de lágrimas.
— Sim, Pedro Cruz. Mataram Vitória e a mãe dela — repetiu Donana.
— Mas quando isso, Donana? Quando?
— Faz três dias. Por onde esteve? Com quem esteve? A polícia está atrás de você, Pedro Cruz. Está atrás de você.
Olhei assustado para Donana e deu um nó em minha garganta, então perguntei estranhando aquela afirmação.
— De mim? Por que de mim Donana? O que a polícia quer comigo?
— Porque encontraram seu paletó na casa de Vitória. Eu mesma o reconheci. Eles vieram aqui atrás de você e antes de me falarem que a Vitória e sua mãe tinham morrido, perguntaram se eu sabia se o paletó que eles traziam era seu. Eu confirmei que sim.
— Paletó? Que paletó? — perguntei indignado.
— Um que tinha um rasgo grande.

Frisei minha sobrancelha, olhando para o vazio e lembrei que havia jogado no chão o paletó que Pescoço tinha talhado na navalha quando lutei com ele algumas noites atrás.

– Maldito. Maldito seja ele, Donana.

– Ele quem, Pedro Cruz?

– Pescoço. Pescoço, Donana. Ele matou Vitória e a mãe dela. Não creio Donana, não creio – disse indignado com as lágrimas correndo pelo meu rosto.

– E você, Pedro Cruz, onde estava todo esse tempo? – perguntou Donana desesperada.

– Eu? – respondi com outra pergunta.

Eu estava com a Dalva, além dela ninguém poderia provar. Porém, não poderia tentar me defender com esse argumento e manchar a honra de Dalva, pois seu Marciano ficaria sabendo e a prejudicaria ainda mais.

– Sim, Pedro Cruz, você por onde andou nesses três dias?

– Oxe, Donana, eu estava por aí, fora do morro, claro. Estava vagando.

Donana puxou uma cadeira se sentando à minha frente, olhando em meus olhos, e perguntou:

– Pedro Cruz, eu sei que não seria capaz de matar nada nessa vida, mas me diga, você foi até a casa da menina Vitória e algo aconteceu lá?

Olhei surpreso para Donana diante de sua pergunta e lhe respondi perplexo:

– Donana, você me conhece mais do que ninguém, jamais faria uma barbaridade dessas, jamais.

– Então me diga, homem. Como seu paletó foi parar lá?

– Pescoço, Donana, Pescoço. O maldito pegou do chão depois que lutei com ele. Eu de raiva deixei na frente de minha casa após ele talhar o paletó. O maldito agiu de caso pensado, Donana, de caso pensado.

Donana olhou para o chão e vi as lágrimas correndo pelo seu rosto. Ela o cobriu com sua mão e chorou copiosamente diante de mim.

– Acalme-se, Donana, vou dar um jeito – disse, colocando a mão em seu ombro, tentando confortá-la.

– Jeito? Que jeito Pedro Cruz, que jeito? O morro todo acha que você matou a menina e a mãe dela. No enterro só se falava disso.

Fiquei olhando para Donana, assimilando minha situação. Eu estava na boca do povo, sendo tachado de assassino. Então, entendi os olhares para mim enquanto subia o morro para a casa de Donana.

Olhava para Donana e para o vazio sem saber o que falar. Não tinha palavras para me expressar. Duas vidas foram ceifadas por nada, eu estava sendo tachado de assassino e sabia que Pescoço estava metido nisso.

Olhei para Donana e lhe perguntei:

– Pescoço foi ao enterro?

– Sim, sim, estava lá mudo, não chorou e nem falou.

– Maldito, maldito – disse rangendo os dentes.

– Cabo Branco está de ronda. Ele quer prendê-lo.

Arregalei os olhos e um instante de empolgação tomou conta de mim.

– Cabo Branco! Ele me viu saindo do morro, Donana. Ele me viu. Ele me viu, Donana.

Donana me olhou animada, mas no mesmo instante me viu murchar e dizer sem esperanças:

– Mesmo tendo me visto, este é doído para me encrencar.

– Temos que fazer algo, Pedro Cruz. Temos que fazer algo – disse Donana em prantos.

Fiquei olhando para Donana e coloquei a mão em seu rosto, pensando na pobre Vitória e sua mãe.

– Fuja, Pedro Cruz, fuja para bem longe. Vá para São Paulo, Bahia ou qualquer outro lugar.

Olhei surpreso diante da proposta de Donana e minha reação foi imediata.

– Eu? Fugir? Nunca Donana, nunca. Não fiz nada. Não matei ninguém. Se assim eu fizer, todos terão a certeza de que matei Vitória e sua mãe. Nunca faria isso. Além do mais, do meu Rio de Janeiro não saio nem depois de morto.

Ela ficou me olhando com as lágrimas correndo pelo seu rosto totalmente muda.

– Vou falar com Tainha, ver o que ele tem a dizer.

– Ele veio aqui ontem para saber de você – disse Donana.

– Vou ter com ele – falei me levantando da cadeira e buscando meu chapéu.

– Tenha cuidado, meu filho. A radiopatrulha está de ronda.

– Não se preocupe Donana. Não serei pego – disse-lhe tentando acalmá-la.

Dei um beijo em seu rosto e saí pela porta, olhando ao redor.

As pessoas levavam suas vidas normais no morro e percebi que algumas me olhavam de rabo de olho.

Baixei a aba de meu chapéu para cobrir meus olhos e desci o morro atento ao meu redor.

Estava triste por Vitória e sua mãe, e preocupado, pensando em como escaparia dessa grave e falsa acusação.

Vitória, ah, Vitória! Eu a havia envolvido apenas para fazer pirraça para Pescoço e, por causa disso, ela estava morta agora. Enquanto descia o morro e pensava nisso, meu estômago embrulhou e minhas pernas bambearam.

– Por que fiz isso? Por que, meu Senhor? – falei comigo mesmo.

Duas vidas interrompidas e de certa forma eu tinha provocado isso.

– Maldito, desgraçado – disse em voz baixa ao pensar em Pescoço.

Eu queria encontrá-lo para olhar no fundo de seus olhos e perguntar: por quê? Por quê?

Meu ódio por ele só aumentava e isso fazia minha vibração cair ainda mais. Porém, já não pensava mais nisso e estava muito envolvido para não odiar mais Pescoço.

Agora tinha que me livrar da acusação e depois restava apenas rezar, pedindo perdão a Deus, a Vitória e a sua mãe. Contudo, o pior estava por vir.

Capítulo VII

Rei da Malandragem, Rei Tainha

No pé do morro, avistei a imensidão do mar já com o sol que começava a esquentar.

De longe, avistei a cabana de Tainha e me aproximei com cuidado chegando por trás dela.

Ao rodeá-la, encontrei Tainha que, conversando com Tijolo, tateava sua rede de pescar. Ao me verem, tomaram um baita susto e ficaram eufóricos.

– Maestro, você aqui? – perguntou-me Tijolo.

– Sabe o que aconteceu aqui, Maestro? – perguntou-me também Tainha se levantando e largando sua rede.

– Olá, Tainha, olá, Tijolo. Sim, eu sei o que se passou, Donana já me colocou a par de tudo – respondi-lhes tirando o chapéu e olhei para a areia, segurando minha emoção para não chorar na frente dos dois malandros.

– Por onde tu andou, Maestro? Onde estava nesses dias? – perguntou-me Tijolo.

Olhei para Tainha que me olhava de volta, com olhar de lamentação, e respondi:

– Olhe Tijolo, para tu não vou mentir. Estive fora do morro, mas não posso revelar onde. Mas posso lhe garantir que não fiz o que o povo acha que eu fiz.

– O povo acha mesmo, Maestro. Acha mesmo e sei que não foi você – respondeu-me Tijolo.

Olhei para ele curioso e perguntei:

– E como sabe, Tijolo?

– Sei porque você é o malandro mais batuta desse morro e não faz mal a ninguém, e sei também que foi Pescoço.

Fiquei ainda mais curioso com as palavras de Tijolo e perguntei intrigado:

– E como sabe que foi ele?

– Estava aqui falando com Tainha. Naquela noite que tu estava no samba, quais foram suas últimas palavras antes de sair de lá?

Pensei por alguns segundos, tentando me lembrar, pois estava meio bêbado.

– Não sei ao certo, Tijolo, me diga você.

– Você disse alto para todos ouvirem: "Ao samba, a quem samba e à mulher que vou beijar agora", Tu se lembra?

– Vagamente, Tijolo – respondi-lhe frisando os olhos.

– Depois que você saiu, logo atrás de você, saiu Pescoço, passando por mim como se eu não existisse. Então, fui para trás com minha cadeira e o vi seguindo você.

– Me seguindo? Não percebi, seguiu por quanto tempo?

– Até eu perdê-lo de vista.

– Desgraçado, desgraçado.

– Por isso sei que não foi você que matou Vitória e a mãe dela.

Coloquei a mão no ombro de Tijolo e disse com os olhos marejados:

– Obrigado, meu amigo, obrigado.

Ele não respondeu, só acenou com a cabeça com os olhos marejados.

– Então, Maestro, que fará? – perguntou-me preocupado Tainha.

Olhei para ele e, quando ia responder, fui interrompido por Tijolo:

– A radiopatrulha, Maestro.

Olhei para a rua e de longe vi um carro que vinha por ela devagar.

– Esconda-se no meu barco. Vá! – ordenou Tainha.

Sem pensar, olhei para o barco que estava próximo à margem e corri quase agachado, pulando dentro dele e me deitando no seu chão de madeira molhado, assim molhei toda minha impecável roupa branca.

Fiquei lá em silêncio e, de repente, Tainha veio e jogou um amontoado de rede, cheirando a peixe, em cima de mim, cobrindo-me por completo.

Então, depois de um instante, escutei Tainha dizer:

– Salve, cabo Branco! A que devo tal honraria?

– Bom dia, Tainha – respondeu cabo Branco.

– Salve, cabo Branco – disse Tijolo e foi ignorado pelo cabo.

– Tô procurando o malandro, Tainha. Apareceu por aqui, não?

– Desde ontem, quando de sua última visita, nem sombra dele, cabo.

– Esse tem culpa, viu, Tainha. Para sumir assim, tem muita culpa – concluiu cabo Branco.

– E como sabe disso assim com tanta certeza, cabo Branco? Se é que me permite perguntar.

– A roupa dele estava na cena do crime suja de sangue! A mãe postiça dele confirmou que era dele – respondeu cabo Branco.

Fez-se um silêncio diante da afirmação de cabo Branco, o que me deixou apreensivo.

– E tu, aleijado, sempre via o malandro empurrando essa sua cadeira. Sabe onde ele anda?

– Sei não – respondeu secamente Tijolo.

– Com licença, cabo Branco, preciso ir pescar. Tijolo, ficará por aqui?

– Sim, Tainha, vou ficar aqui vendo tu lançar a rede.

– Tá certo, Tijolo. Cabo Branco, me ajuda a empurrar o barco da beira para a água?

– Empurra tu, velho.

Logo senti o barco mexer e escutei a voz de Tainha:

– Continue aí. O cabo está olhando minha cabana.

Fiquei em silêncio enquanto sentia o barco flutuar.

Logo vi Tainha de pé com seu varão, fazendo força e empurrando o barco.

Então, ele puxou a rede que estava sobre mim e me disse:

– Fique deitado ainda.

– Ele ainda tá lá?
Tainha olhou para trás e respondeu:
– Tá conversando sei lá o que com Tijolo.
– Esse macuco não vai sossegar enquanto não me enquadrar, Tainha.
– Eh, Maestro, o negócio não tá bom para o seu lado.
– Preciso pensar.
– Passou os dias na casa da dona? – perguntou Tainha.
– Sim, passei, fui para lá naquela noite em que te visitei e só voltei hoje.
– E tu não pode envolvê-la?
– Envolvê-la? – perguntei-lhe curioso.
– Sim, dizer que passou todo esse tempo lá na companhia dela, assim poderia ter uma chance.
– Nem pensar, Tainha, não é justo com ela, já que ela tem marido influente. Não farei isso de modo nenhum – disse irritado com a ideia de Tainha.
– Acalme-se, só estou vendo as saídas que tu tem – disse Tainha, percebendo minha irritação.
– Jamais mancharia a honra de uma mulher para limpar a minha – concluí.
– E se falasse com Pescoço? Dar uma boa prensa nele?
Olhei para Tainha me sentando e ele olhou para trás para ver se cabo Branco ainda estava na praia, constatou que não.
– Sim, quero ao menos olhar nos olhos daquele malandro.
– E para que, Maestro?
– Para perguntar por quê. Por que ele fez o que fez? Porque matou Vitória e a mãe dela. Por que me incriminar? Nossas desavenças eram resolvidas na mesa do boteco e bebendo cerveja – respondi com aperto no coração.
– Lamentável, Maestro, lamentável.
Olhei nos olhos de Tainha e perguntei:
– Não tive coragem de perguntar a Donana, mas como ele as matou?
Tainha se sentou e olhou de volta em meus olhos, respondendo:
– Na navalha, Maestro, na navalha.

Respirei fundo e segurei o ar no meu pulmão com um nó na garganta, com a voz embargada disse:

– Na navalha? Que maldito maldoso! As pobrezinhas devem ter agonizado.

– Sim. O pior é que o povo durante o enterro comentava que um dia antes tu talhou o rosto de Pescoço e que se não tivesse muita gente por perto, tu o matava também.

– Jamais faria isso, Tainha, mas se soubesse do que ele realmente era capaz, eu talvez o tivesse matado, desgraçado.

– Pois bem, Pescoço tem me evitado, porque sabe que eu o indagarei, mas se eu disser que você quer vê-lo em paz, talvez ele apareça – disse Tainha.

– Mas acha que ele aparecerá? – perguntei desconfiado para Tainha.

– Malandro que é malandro não se acovarda, Maestro. Ele pode ressabiar, mas ainda é malandro.

– Tem razão Tainha, tem razão.

– Agora tu se esconde e aguarde meu sinal.

– Esconder-me onde Tainha? Cabo Branco rodando seu barraco.

– Qual é o único lugar aonde cabo Branco não vai? Não vai porque tem medo.

Olhei para Tainha pensando e a resposta veio como raio, pois todos sabiam.

– Terreiro de dona Dionísia – respondi certeiro.

– Exato. Certa vez mandaram fechar e o homem disse que isso ele não faria. Não se meteria com essas coisas.

– Sim, tem razão. Lembro-me vagamente.

– Pois bem, tu vai para lá e peça abrigo. Eu te darei o sinal o quanto antes e tu mantenha a cabeça no lugar. Certo?

– Tentarei, Tainha, tentarei. Vitória e sua mãe morreram por pirraça minha. Se eu não tivesse feito o que fiz para me vingar e provocar Pescoço, elas estariam vivas. Entendeu, Tainha? Vivas! – respondi com lágrimas nos olhos.

– Agora já foi, Maestro. Leite derramado, só nos resta agora limpar a sujeira – lamentou Tainha que já voltava para a praia.

– Eu sei, Tainha, eu sei.

Fiquei em silêncio, olhando o mar enquanto Tainha conduzia o barco para a praia.

A beleza e a imensidade do lindo mar me acalmavam.

Tirei do pescoço a guia azul clara que havia ganhado de Donana e a mergulhei na água que corria ao meu lado.

Beijei-a e coloquei de volta em meu pescoço.

– Minha mãe Iemanjá, me ajude a vencer e mostrar a verdade. Ajude-me, minha mãe, e receba Vitória e sua mãe de braços abertos – disse baixinho para mim mesmo.

Chegando à praia, pulei do barco, molhando meus sapatos e a calça nova, ajudando Tainha a empurrar o barco para a areia.

Tijolo, que ainda estava lá, disse quando nos aproximamos:

– O cabra quer lhe pegar a todo custo, Maestro. Disse que não vai sossegar.

– É, Tijolo, já imaginava, já imaginava – disse lamentando, olhando para a areia, desanimado.

– Pra onde tu vai? Quer ficar no meu barraco? – ofereceu-me o amigo Tijolo.

– Não, obrigado. Esse cabo sabe que alguém me esconderá, vou pedir abrigo para dona Dionísia.

– Está certo, faz bem Maestro – concordou Tijolo.

– Mando alguém lhe dar o recado quando conseguir falar com Pescoço, está bem? – perguntou Tainha.

– Sim, Tainha, agradeço.

– Para um amigo, qualquer boa ação.

– Obrigado, Tainha – disse colocando a minha mão em seu ombro.

– Vamos, Tijolo – disse segurando a sua cadeira de rodas.

– Está louco, Maestro. O seu mundo está caindo e tu quer me empurrar por aí? Vá-se embora que eu me viro.

Olhei para ele, vendo que tinha razão, acenei com a cabeça e saí olhando para os lados em direção ao morro.

Abaixei a aba de meu chapéu e subi o morro, chamando a atenção pela bela roupa que vestia, mas não por ser eu, pois andei rápido e de cara amarrada.

Chegando ao barracão de dona Dionísia, bati à porta algumas vezes.

– Quem vem lá? – gritou ela de dentro.
Não respondi e ela abriu a porta.
– Oxe, Maestro, entre – disse me puxando pelo braço.
Ela fechou a porta, olhando assustada para mim, que tirei o chapéu segurando pela aba com as duas mãos.
– Preciso de sua ajuda, dona Dionísia.
– Claro, meu filho, tudo o que precisar – respondeu-me ela solícita.
– Posso ficar por aqui? Estão na minha captura, dona Dionísia.
– Aqui? – perguntou-me surpresa.
– Sim. É o único lugar em que cabo Branco não virá me procurar.
Ela pensou por um instante e me respondeu:
– Tem razão, Maestro, tem toda razão.
– Obrigado, dona Dionísia. A senhora é uma santa.
– Vou pegar algo para tu comer, deve estar com fome.
– Sim, dona Dionísia, estou sim.
Enquanto dona Dionísia entrou em sua casa para preparar alguma refeição, fiquei ali no barracão, segurando meu chapéu com as duas mãos pela aba e caminhei em direção ao altar dela, ficando diante das estátuas de São Jorge, Jesus Cristo e Nossa Senhora da Conceição.
Ajoelhei sem encostar o joelho e comecei a pedir proteção, e que me mostrassem o caminho correto e a coisa certa a fazer.
Pedi com tanta fé, pedi com todo meu coração ali naquele barracão para que Iemanjá me abraçasse.
– Eles estão sempre conosco, Maestro – disse dona Dionísia atrás de mim com um prato de comida na mão.
Levantei-me e fui até dona Dionísia, pegando o prato de comida com uma mão.
– Não tenho dúvidas, dona Dionísia. Sei que mostram o certo a se fazer. Só sinto muito pela Vitória e sua mãe. A senhora acredita que não fui eu?
– Claro, menino. Oxe, que pergunta é essa? Sei que tu não machucaria ninguém, quanto mais tiraria a vida de alguém – respondeu-me convicta.
– Obrigado, dona Dionísia, vindo da senhora significa muito para mim.

– Oh, Maestro, meu menino! Deus e os orixás guardam seus caminhos e seu destino. O que tiver de ser, será. Se sofremos, é porque algo de bom temos que aprender com esse sofrimento. Se causamos, é porque temos a escolha para causar e depois responderemos por essa escolha. Seja boa ou má escolha – dona Dionísia fez uma pausa e continuou:

– Escolha o bem e receba o bem. Escolha o mal e responderá pelo mal. No final, você não receberá só pelo mal causado de volta. Você responderá por ele e por todos aqueles afetados pelo que esse mal causou.

– Hum, agora acho que entendi – respondi dando uma garfada em minha comida.

– Sabe, filho, a Umbanda me mostrou um caminho, um mundo novo que antes até existia quando eu era pequena, pois via minha mãe comandar a macumba. Porém, agora é tudo ordenado e direcionado. Tem mais sentido e muito mais clareza.

– E a senhora acha que essa Umbanda veio para ficar? Ou já, já muda de nome de novo? – perguntei curioso, referindo-me à macumba que eu conheci.

– Sim, filho, veio sim, não tenho dúvidas de que ela irá se perpetuar na Terra, pois ela tem o amor como a sua bandeira e o amor tudo vence. Percebe quantos lugares já existem? Muitos, eu acho que muito mais virão – concluiu animada dona Dionísia.

– Sim, dona Dionísia, tenho ouvido falar, mas eu só conheço mesmo é aqui.

– E olha que sou anônima para não chamar a atenção dos que não gostam. A minha fé pertence a mim e aos que aqui vêm porque querem vir. Não quero a polícia batendo na minha porta. Sou só, não teria como brigar. Por isso quero é ficar quietinha aqui.

– Entendo, dona Dionísia. Eu espero não lhe causar problemas, vou resolver minha situação.

– Não causará, meu filho – respondeu-me sorrindo.

Terminei minha comida e entrei no barraco onde dona Dionísia morava, que ficava no mesmo espaço do barracão.

Ela colocou um colchão no chão de terra batida, onde pude me deitar para descansar e pensar na minha situação. Em pouco tempo, bateram à porta do barracão.

Dona Dionísia ordenou que ali eu ficasse para que ela atendesse quem batia. Então, ela voltou em um instante, dando o recado:

– Era Vila Velha, mandou lhe dizer para tu descer ao anoitecer no barraco de Tainha. Tu sabe o que é?

Pensei um instante e respondi:

– Sim, Tainha deve ter falado com Pescoço, vou encontrá-lo.

– Olha lá meu menino, não vá fazer nenhuma besteira.

– Não, dona Dionísia, eu prometo que só quero olhar no olho desse maldito para pensar em uma saída.

– Acha que ele pode ajudá-lo? – perguntou-me curiosa, com ar de preocupação, dona Dionísia.

– Não sei ainda, mas pelo menos minha suspeita será certeira.

Ao anoitecer, saí do barraco de dona Dionísia, que disse que pediria por mim naquela noite e, desci o morro pela lateral para não levantar suspeita.

Chegando ao barraco de Tainha, bati à porta e ele atendeu de imediato.

– Entre, Maestro – ele me disse e abriu a porta para que eu passasse, olhando para fora para ver se alguém me seguia.

– Ele vem, Tainha? – fui logo perguntando.

– Sim, deve vir.

– O que tu disse a ele?

– Disse que se ele não tivesse nada a esconder, ele viria a minha casa para falar com tu.

– E claro, ele aceitou.

– Sim.

Fiquei ali sentado onde Tainha dormia, esperando a chegada de Pescoço, até que bateram à porta.

Em um impulso Tainha se levantou, abrindo a porta, então vi Pescoço entrando com meia laranja na mão.

– Olá, Tainha.

– Olá, Pescoço – Tainha respondeu sério.

Ele me olhou e fiquei de pé, olhando dentro de seus olhos.

– Salve, Pescoço – disse-lhe sério.

– E o que aconteceu com o "Salve, Maestria"? – perguntou-me sorrindo para mim em tom irônico.

– O que tu fez, Pescoço? Tu fez besteira? – ignorando sua ironia, perguntei diretamente.

– Não sei do que tu tá falando, Pedro Cruz.

– Tu sabe sim, malandro. Eu sei, Tainha também sabe, tu matou Vitória e a mãe dela, e quer botar a culpa em mim.

– Não sei o que tu tá dizendo, Pedro Cruz. Só sei que tu matou a quase minha namorada e a quase minha sogra.

– Não seja dissimulado Pescoço, tu fez besteira e jogou lá meu paletó, pois sabia que alguém iria reconhecer.

– Oxe, tá variando, Pedro Cruz? Tá virando polícia, é? Já, já vai estar de ronda na radiopatrulha também – disse Pescoço debochando de minha ira.

Eu percebi que, para ele confessar, eu teria de mexer com seu íntimo. Precisava mergulhar em sua alma e atacar onde mais doía para que ele se irritasse comigo.

Olhei dentro de seus olhos e ele levou à boca a metade da laranja, olhando de volta para mim.

– Sabe o que é, Pescoço? Tu é um fraco, tu é feio. Tu é ridículo e a mulher o repugna. Vitória me disse que tu era pegajoso e nojento.

A fisionomia de Pescoço se alterou naquele momento.

Vagarosamente ele tirou a laranja da boca enquanto escutava as minhas duras palavras, eu percebendo continuei:

– Tu não sabe cortejar uma mulher, até duvido de que tenha se deitado com uma, como tanto fala. Só deve ter vontade. E sambar? Tu não samba, malandro, e tem inveja de quem samba.

A ira de Pescoço começou a ferver, ele arregalou os olhos e devolveu:

– Tu é assassino. Tu mata, Pedro Cruz. Tu mata.

– Tu sabe que não matei Vitória. Ela me disse que tu até cheirava mal. Tu é quem matou ela. Confessa, malandro. Tu a matou.

Pescoço tomado de ódio espremeu a laranja entre os dedos.

Olhei para ela que pingava no chão dentro do barraco de Tainha, o qual acompanhava tudo entre nós dois.

– Matei mesmo. Matei mesmo, Pedro Cruz. E sabe por quê? Porque era uma rapariga e era minha. Matei Vitória e a velha que viu tudo. Dei navalhada na Vitória e cortei seu pescoço. Depois bati na cabeça da velha que desmaiou, então cortei seus pulsos. E sabe por que também? Por culpa sua, você me levou a isso. Você é culpado, Pedro Cruz. Você é culpado – esbravejou Pescoço.

Fiquei em silêncio por um instante e Tainha também. Pescoço me olhava com ódio e com os olhos arregalados.

– Tu vai falar a verdade, Pescoço. Tu vai à polícia se entregar, sabe por quê? Porque nesse morro talarico não mora – disse Tainha já demonstrando raiva.

– Oxe, vou nada. Quem disse que vou? – perguntou Pescoço a Tainha, afinando a voz em sinal de ironia.

– Tu vai, sabe por quê? Eu sou o malandro mais respeitado e correto desse morro. Quando tu molhava as calças, eu já era da boêmia e conhecia todo mundo aqui. Eu recebi a maioria dessas pessoas que aqui moram. Tu vai ter que viver em um buraco, seu maldito.

Eu comecei a me assustar com a reação de Tainha, pois nunca o tinha visto dessa forma. Coloquei a mão em seu braço que fervia.

– Acalme-se, Tainha, acalme-se – ele me olhava desfigurado – Ele vai fazer a coisa certa, Tainha. Não vai, Pescoço?

Pescoço me olhou por um instante, olhou para a metade da laranja espremida que segurava e disse:

– Vou, Pedro Cruz, vou.

Ele se virou, abrindo a porta do barraco de Tainha, jogou a laranja para fora e se virou para dentro.

– Fiz a coisa certa.

Estranhei as palavras de Pescoço e, antes de mim e Tainha reagirmos, como do nada apareceu o cabo Branco na porta do barraco de Tainha com um revólver empunhado e apontado para mim.

– Tá preso! Tá preso, malandro! – disse cabo Branco gritando a plenos pulmões.

Olhei assustado para cabo Branco e fiquei sem reação.

Pescoço olhava para mim e Tainha olhava para Pescoço.

– Você o trouxe aqui? No meu barraco? Você é um traidor. Um traidor – gritou Tainha, dando um passo na direção de Pescoço.

Nesse momento, cabo Branco me tirou de sua mira e mirou em Tainha, puxando o gatilho, e fez-se um grande estampido.

Meu coração pulou pela boca, minhas pernas desmoronaram e Tainha caiu na minha frente, com um buraco bem no meio do peito.

Ajoelhei-me e coloquei a mão em seu peito que começou a verter sangue.

– Não, não! – gritei a plenos pulmões.

As lágrimas começaram a escorrer pelo meu rosto, enquanto via Tainha perder o brilho nos olhos.

Olhei para Pescoço e gritei com toda a força:

– Maldito! Maldito! Maldito seja você! Maldito!

Pescoço olhava assustado para Tainha já morto e sem reação.

Cabo Branco se aproximou de mim e, com a coronha de seu revólver, bateu forte em minha cabeça.

Caí desacordado ao lado do corpo de Tainha, meu amigo.

Capítulo VIII

Culpado ou Inocente?

Acordo com alguém me puxando e me arrastando pelos braços. Abri os olhos e estava fora da cabana de Tainha. Minha cabeça doía demais por causa da pancada tomada.

Logo, veio a imagem de Tainha morto ainda com os olhos abertos. Fechei meus olhos apertando e os abri de volta bem arregalados.

Tudo parecia se mover lentamente. Não conseguia acompanhar o que estava acontecendo ali.

– Tá preso, malandro – disse um homem com a farda da polícia que me arrastava para fora da cabana.

– Não fiz nada. Não fiz nada – falei confuso.

Então ele me virou de bruços e apoiou seu joelho em minha cabeça que doía, quase a enterrando na areia.

Fechei a boca, e os olhos para que não entrasse areia neles.

Ele juntou meus pulsos atrás das minhas costas e pude sentir o gelado do ferro das algemas abraçar meu pulso.

Depois ele saiu de cima de mim e me colocou de joelhos, puxando-me com extrema violência pelo colarinho.

Cuspi a areia que estava em meu lábio e abri os olhos.

Vi uma movimentação já na beira da praia, com muita gente do morro se aproximando da cabana de Tainha.

Dentro da cabana, mesmo pequena, vi uma quantidade de gente muito grande que conversava à luz das velas que iluminavam o interior do local.

De longe vi os pés de Tainha descalços e quase deitados.

As lágrimas escorreram pelo meu rosto e comecei a chorar copiosamente.

— Meu amigo, meu pai – disse em o prantos.

— Tá chorando, malandro? Eu pensava que malandro não chorava – disse o guarda que estava ao meu lado me guardando.

Não dei atenção ao que ele falava, desdenhando de mim.

Vi então Pescoço saindo da cabana e ele olhou diretamente para mim.

Devolvi seu olhar, engolindo o choro e olhando dentro de seus olhos, com o olhar fixo.

Ele então desviou o olhar e virou as costas para mim, andando em direção às pessoas que rodeavam a cabana de Tainha.

Era possível ouvir o choro de algumas pessoas que ali estavam e diziam em tom de desespero:

— Ele morreu, Tainha morreu.

Vi Barnabé colocar a mão na cabeça em sinal de desespero.

Tainha era o malandro mais velho e mais querido daquele morro.

Morrer daquela forma, assassinado pela polícia, era quase impossível de se imaginar.

Vi cabo Branco sair da cabana e vir direto em minha direção.

— Levanta ele – ordenou cabo Branco para o guarda ao meu lado.

Fui puxado pelo colarinho com violência, deixando a guia de Iemanjá e a corrente com a medalha de São Jorge à vista.

Cabo Branco olhou para meu peito, vendo a guia e a medalha; olhou para mim, que o encarava com todo o ódio que tinha dentro de mim.

Então, ele sacou sua arma da cintura e com o cano passou pela guia e a medalha, puxando com toda força, arrebentando-as.

— Na minha delegacia, macumba não entra – disse-me com os dentes rangendo.

Não desviei o olhar, enquanto sentia as contas da guia cair pelo meu corpo.

— Você deveria estar morto, e não Tainha. Ele não tinha nada a ver com isso. Não sei por que ele veio para cima de mim.

– Você o matou! – disse tentando segurar as lágrimas.

– Sim, para me defender – respondeu cabo Branco.

– Ele não foi para cima de você. Ele foi apenas para frente de Pescoço – eu disse com ódio.

Cabo Branco olhou para o guarda que estava ao meu lado, que olhava para ele e depois olhou para mim.

Ele calmamente guardou a sua arma na cintura e rapidamente me deu um murro em meu estômago.

Curvei-me e depois me ajoelhei tentando puxar o ar e tossir, mas não conseguia.

Enquanto tentava respirar, ele se abaixou ao meu lado e ao pé de meu ouvido dizendo:

– Nunca mais me contrarie. E pode esperar que de onde saiu esse soco vem mais.

Tentando escutar o que ele disse, eu ainda tentava recuperar o fôlego.

– Coloque-o em meu veículo – disse cabo Branco ao guarda.

– Vamos – falou o guarda me puxando pelo colarinho e me fazendo levantar.

Fui caminhando ao lado do guarda e reparei que muita gente do morro estava na rua, vendo o que estava acontecendo ali.

Havia muitas radiopatrulhas e várias pessoas de farda também.

Vi Vila Velha que olhava para mim de rosto inchado.

Via a seu lado Tijolo, que chorava copiosamente, e vi Donana aos prantos me olhando com a mão tampando sua boca, não acreditando no que acontecia.

O guarda abriu a porta da radiopatrulha e puxou o banco me fazendo entrar na parte de trás, batendo a porta.

Minha cabeça doía, meu estômago doía e meu coração chorava.

Nem pensava em minha situação e que seria preso, mas sim em Tainha, que acabara de morrer daquele jeito, como um bandido. Tainha não era bandido.

Olhei para a lapela de meu terno branco e estava vermelho de sangue, não sabia se sangue meu ou de Tainha.

Olhava as pessoas na rua e elas olhavam de volta para mim.

Pouco me importava o que pensavam, já que meus pensamentos estavam voltados para Tainha naquele momento.

Então a porta do carro se abriu e cabo Branco entrou nele.

Ele ligou o carro e saiu em disparada pela rua e eu via a cabana de Tainha se afastar.

– Você matou a filha e a mãe, é por isso que está sendo preso.

– Não matei ninguém – respondi firmemente ao cabo Branco.

– Sei que não. Mas será – respondeu-me ele naturalmente.

Franzi as sobrancelhas e olhei para ele e perguntei:

– Sabe que não?

– Claro que sei. Sei que foi Pescoço quem fez.

– E como sabe disso? – tornei a perguntar perplexo.

– Lembra que te abordei naquela noite? Depois de te deixar ir, vi Pescoço mais à frente e o abordei. Então ele me disse que estava atrás de você. Depois de ameaçá-lo, me falou com ódio que ele o mataria e que eu pouco me importaria, o que é uma verdade. Então disse a ele que seria melhor tu sofrer do que morrer e Pescoço concordou.

Escutando as palavras do cabo Branco fiquei pasmo. Não conseguia emitir nem uma palavra sequer.

– Disse-lhe para de alguma forma o incriminar, que ele teria minha cobertura, pois eu te prenderia, malandro. Agora você está aqui comigo, preso e confessando um assassinato.

Minha boca tremia de tão nervoso que fiquei escutando como Pescoço e cabo Branco tramaram para me prejudicar.

– Única pena nisso foi Tainha se envolver, mas tudo bem, um malandro a menos nesse morro imundo – tornou a dizer cabo Branco, colocando um cigarro entre os lábios e acendendo.

– Por quê? Por que fez isso comigo? – foi a única coisa que consegui perguntar.

– Não tem um porquê. É porque você não trabalha, é negro, anda bem-vestido, corteja mulher, sei lá, talvez por isso tudo. Tanto faz.

Escutei novamente o desdenho de cabo Branco e não entendia o porquê de ele agir daquela forma.

– Mas já que você confessou que matou mãe e filha, quero ver falar ao delegado.

– Não matei, você sabe que não matei – disse com raiva do cinismo do cabo.

– Matou sim. Vou me encarregar pessoalmente de que se lembre, malandro.

Fiquei preocupado com as palavras de cabo Branco e resolvi ficar em silêncio para não o irritar.

Minha cabeça ainda latejava, quando chegamos à delegacia.

Cabo Branco me tirou do veículo, levando-me para dentro do quartel.

Lá chegando, ele já gritou na porta se vangloriando:

– Peguei! Não disse que pegaria? Tá aqui o malandro – ele disse para um homem sentado atrás de uma mesa de madeira escura, que escrevia com um tinteiro.

– Quem é esse, cabo? – perguntou esse homem que vestia terno preto, usava um chapéu e fumava um charuto.

– Esse matou a mãe e a filha lá no morro, doutor – disse o cabo me sentando na cadeira à frente da mesa do homem.

– Não matei, não matei – falei em um impulso, e o tal doutor olhou para mim e depois olhou para o cabo Branco que estava atrás de mim e de pé, acenando com sua cabeça.

Logo tomei uma bofetada no ouvido que de tão forte, caí da cadeira em que estava sentado, estatelando no chão de pedras lisas.

Cabo Branco me pegou pelo colarinho sem eu nem ter tempo sequer de gemer e me colocou sentado na mesma cadeira.

O doutor calmamente tirou seu charuto da boca e olhou para mim, dizendo em tom baixo:

– Aqui, negrinho, tu só fala quando eu mandar. Compreende?

Olhei assustado para ele com o rosto em chamas, acenando com a cabeça, e logo veio uma bofetada mais forte ainda que entortou meu corpo na cadeira.

Vagarosamente fui voltando à postura, olhando para o doutor que tornou a perguntar:

– Compreende?

– Sim – respondi e fui novamente surpreendido com outra bofetada no meu rosto já em chamas.

Ao voltar à postura, ele insistiu:

– Sim, senhor doutor – disse-me ele que completou – compreende?

– Sim senhor, doutor – eu disse, respondendo.

– Que bom que aprende fácil. Então você matou mãe e filha? Como o cabo disse?

– Não, doutor, não matei, não senhor – respondi, encolhendo-me na cadeira receoso de outra bofetada.

O senhor doutor, como gostava de ser chamado, olhou para cabo Branco, levando o charuto à boca e o cabo Branco interveio:

– Foi ele sim, doutor, eu lhe garanto que em alguns dias ele irá se lembrar.

– É bom que se lembre, pois aí será enviado à penitenciária.

Olhei assustado para o senhor doutor, querendo me defender, porém fiquei em silêncio por receio de apanhar.

– Seria bom ele ir como confesso ao juiz. Faça que isso aconteça, cabo Branco. Pode levá-lo, vou para casa, já é tarde.

– Será um prazer, doutor – respondeu cabo Branco, que me pegou pelo colarinho, puxando-me da cadeira.

O prédio onde eu chamava de quartel era grande. Cabo Branco atravessou comigo por um pátio, levando-me ao outro lado.

– Sua nova casa. Melhor que o morro onde mora, não? – perguntou-me ele sorrindo enquanto me conduzia.

Entramos por um corredor e logo nos deparamos com duas celas, uma de frente para a outra.

Em cada cela havia barras de ferros grossas e, na outra extremidade, uma janela pequena que ficava no alto apenas para ventilação.

Porém, uma coisa me chamou atenção. Havia poucas pessoas presas, sendo todos homens negros, que se dividiam entre as celas.

Cabo Branco me conduziu até a porta da cela, onde ordenou a um homem que ficava com as chaves que abrisse o cadeado.

Ele tirou a algema de ferro que abraçava meus pulsos e me empurrou para a cela iluminada por uma luz bem fraca.

– Bons sonhos aí, malandro – disse-me, batendo a porta de ferro.

Nessa cela havia mais três homens e, na cela da frente, apenas um homem.

Logo a luz se apagou, fazendo o breu tomar conta da cela.

Não disse nada, pois ainda estava em choque com tudo que ocorrera, ficando em silêncio até que alguém falou:

– Ei, com essa roupa elegante, deve ser importante.

– Quieto! Deixe-o, não o importune agora – disse outra voz.

Então o silêncio se fez naquela cela de chão frio de pedra, onde nem a luz do luar entrava.

Dirigi-me para um dos cantos, esticando as mãos, tocando a parede.

Sentei-me no chão de pedra lisa e encostei a cabeça na parede, pensando em Tainha.

As lágrimas correram pelo meu rosto em silêncio, eu não queria demonstrar que estava chorando.

Pensei no pai e amigo que havia morrido; que eu nem no seu velório poderia ir.

Pensei que era culpa minha, pois era mais uma morte que eu havia causado por apenas fazer birra a Pescoço.

Bati a cabeça três vezes na parede ao assimilar esse pensamento.

Se não bastassem Vitória e sua mãe que morreram, agora tinha Tainha.

Não consegui dormir nem por um instante enquanto absorvia os acontecimentos e também pensava em minha situação.

Escutei alguém gemer, mas não sabia o porquê, pois o breu era absoluto naquela cela.

O cheiro indicava que o banho e a limpeza do lugar também não eram frequentes.

Minha cabeça doía, meu rosto estava dolorido e sabia que seria pressionado a confessar algo que eu não havia feito.

Já tinha ouvido falar que alguns apanhavam até morrer nessas cadeias e isso me deixou preocupado.

Logo o dia foi raiando e o breu da cela diminuindo.

Vi os três homens que estavam na mesma cela que eu dormindo no chão, e percebi na cela da frente um homem sem camisa com o peito desnudo encolhido, envolto pelos próprios braços. Deduzi que era ele que gemia de frio durante a madrugada.

Fechei os olhos e pensei em Tainha, e que seu velório estava sendo no barracão de dona Dionísia.

Depois o caixão sem tampa desceria o morro em um cortejo, sendo carregado para que todos pudessem ver pela última vez o malandro. Isso era um sinal de respeito ao defunto e só acontecia quando era muito querido por todos. Não tinha dúvidas de que com Tainha seria dessa forma.

Meu coração apertava, pois eu não estaria por lá para ver e homenagear Tainha.

Pensei em Pescoço e no ódio que sentia por ele. O maldito arruinou minha vida. Vida essa que eu amava e vivia da melhor forma possível. Era amigo de todos e ajudava sempre quando podia. Pensei em Dalva e nos três dias em que passamos juntos nos amando e, também, nos beijos de Vitória.

Lembrei-me dos conselhos de dona Dionísia e, por fim, do sofrimento que eu havia causado em Donana.

– Ah, Donana, Donana – falei baixo para mim mesmo.

Minha vida, em poucos dias, havia virado de cabeça para baixo.

Eu, que andava livre pelo morro, agora estava preso em uma cela.

Era acusado de um crime que não havia cometido e a única pessoa que poderia me ajudar, talvez, era uma mulher casada com um figurão da alta sociedade. Eu jamais iria colocá-la em uma situação que a constrangesse. Minha dignidade era a única coisa da qual ninguém podia se apoderar.

Três pessoas, por conta disso tudo, já haviam morrido e temia o que poderia acontecer com Dalva se seu marido traído decidisse lavar sua honra.

As mortes já me incomodavam e me faziam sentir culpado, porém meu futuro era incerto. Mesmo que eu provasse de alguma forma que era inocente, essas pessoas não voltariam.

Minha alegria de viver escorria pelos meus dedos.

Meu sorriso e minha vontade de viver iam dando lugar à angústia e à tristeza.

De malandro solto a preso inocente. De malandro do samba a um homem acuado. De malandro a acusado.

Será que eu era tão malandro assim como pensava ser?

Seria eu culpado aos olhos de Deus diante das mortes por causa de minhas ações?

O futuro diria.

Capítulo IX

Quebrado. O Fim

Estar preso era uma sensação horrível. Estar preso injustamente era uma mistura de dois sentimentos: horror e indignação.

Logo um guarda, que tomava conta das celas, bateu com uma barra de ferro na grade da cela.

– Acorda aí, vagabundos. Se eu tô acordado, vocês também devem estar – gritou o homem batendo seu bastão de ferro na grade para despertar todos ali, o que era inútil para mim, pois não havia pregado o olho nem um minuto sequer à noite.

Os presos iam despertando com seus rostos amassados, pois haviam dormido a noite toda.

Um deles, que estava comigo na cela e parecia ser o mais velho, me disse:

– E então, senhor, dormiu? – perguntou olhando-me com o rosto amassado.

– Não senhor, não consegui.

– Não se preocupa, logo será vencido pelo cansaço e dormirá.

– Não sei se quero dormir, tenho que pensar muito – respondi-lhe.

– Aqui terá muito tempo para pensar, nobre amigo – disse o outro homem que vestia calça e uma camisa.

Olhei para ele sem nada responder, então o homem mais velho falou:

– Sou Clóvis, esse é Durval e aquele que ainda está acordando e não fala muito é João – disse Clóvis, apontando para o homem deitado de frente para a parede e que não se mexia.

– Sou Pedro – disse, apresentando-me.

– E o que fez, Pedro, para aqui estar? – perguntou Durval, ajeitando suas calças e se levantando.

– Você é um intrometido, Durval – disse Clóvis, repreendendo-o.

– Só preciso saber por que aqui está, Clóvis. Não quero dormir com um olho aberto por causa de um maluco – respondeu Durval se espreguiçando.

– Se ele fosse maluco, ele estaria naquela cela – falou Clóvis, apontando para a cela de frente, onde dormia o único homem.

– Por que maluco? – perguntei quase em um impulso.

– Esse aí é maluco. Quem é colocado lá com ele é estrangulado dormindo. Na penitenciária, matou três e o mandaram para cá de volta. Se alguém é preso com ele, ele mata. Está aqui há muito tempo e pelo jeito aqui ficará – respondeu Clóvis.

Olhei para a cela pouco iluminada e vi apenas uma pessoa deitada sem camisa, com um corpo esguio e negro.

– Não queira estar ali, meu amigo. Esse é biruta mesmo – disse Durval sorrindo.

Olhei para Durval, mantendo o semblante sério e não disse nada.

– Então por que está aqui? – insistiu Durval, aproximando-se de mim.

– É um engano – respondi, olhando para o chão.

Durval soltou uma sonora gargalhada diante de minha resposta e olhei para Clóvis, que apenas sorriu.

– Engano? Que mera coincidência, eu também estou aqui por engano. Clóvis também está e, acredito, João também. Até o estrangulador está preso por engano – respondeu Durval em tom de ironia, gargalhando.

Percebendo o sarcasmo, olhei para o chão e não disse nada.

– Tá bem, Pedro. Qual engano que cometeram para você estar aqui? – insistiu Durval demonstrando certa irritação e se aproximando ainda mais de mim, que permaneci sentado.

Com vergonha não respondi, ficando em silêncio, o que o deixou ainda mais irritado.

– Fala, homem! – gritou ele, chutando a minha perna.

– Senhor, agora fale, já que começou. Aqui o que pode ser e o que deve ser é sincero para a boa convivência – ponderou Clóvis, aconselhando-me.

Olhei para Clóvis, entendendo o que dizia, e olhei para Durval, que parecia ser mais velho que eu e respondi:

– Acusam-me de matar duas mulheres, mãe e filha, lá do morro – disse sério e curto.

Um silêncio se fez na cela por um instante, Durval deu um passo para trás e falou indignado:

– Foi você? Então você é o tal maestro de que tanto se fala.

Olhei para Durval surpreso com sua afirmação e perguntei boquiaberto:

– Sim, você me conhece?

– Já de ouvir. Você é o malandro de que todos lá no morro gostam, só que fez besteira. Ouvi falar de você, sim.

– E ouviu de quem? – perguntei ainda surpreso.

– Dos guardas aqui. Achavam que nunca o pegariam por ser querido no morro os moradores o abrigariam. Acho que se enganaram, não? Você está aqui! – concluiu Durval.

– Eu não matei ninguém e estou aqui porque fui traído – disse rangendo os dentes.

– Isso explica sua bela roupa, porém suja. Olha aí, Clóvis, temos um famoso com a gente.

– Pare, Durval, deixei-o – ordenou Clóvis.

Durval, ouvindo as ordens de Clóvis, deixou-me em paz, afastando-se de mim.

Fiquei ali sentado em meu canto, pensando nas palavras de Durval e nas proporções que o assunto do assassinato havia tomado.

– Maldito Pescoço, maldito – falei comigo mesmo.

Continuei ali até que o homem, que tomava conta das celas, veio até minha cela e disse:

– Malandro de terno branco, venha cá – ordenou-me.

Levantei-me desconfiado enquanto ele abria a cela.

– Mãos para trás e se vire.

Obedeci-lhe e ele colocou as algemas em meus pulsos.

Depois saí da cela e ele fechou a porta.

Ele então me conduziu a uma sala pequena na qual, quando entrei, havia uma mesa com duas cadeiras. Notei que não tinham janelas nessa sala, o que me deu uma sensação de sufocamento.

– Sente-se aí – ordenou o homem que me conduzia.

Sentei-me algemado e o homem saiu, fechando a porta.

Fiquei ali apreensivo, até que a porta se abriu e por ela entrou cabo Branco, fechando-a.

Olhei para ele que entrou, dando um sorriso sarcástico e me disse:

– Estão desfilando o corpo de Tainha pelo morro. Como vocês são imprestáveis mesmo – disse em sinal de desprezo.

Fiquei em silêncio com a notícia que para mim era satisfatória, mesmo com o desdenho do cabo.

Ele se sentou à minha frente e eu não o encarava para não o irritar.

– Então, preciso de uma confissão que matou a filha e a velha.

Permaneci em silêncio por alguns segundos, logo tomando um soco no olho dado pelo cabo Branco.

Não pude nem levar as mãos ao rosto, pois estavam algemadas.

– Você sabe o que vai acontecer, não? malandro, você vai apanhar. Vou esfolar você até se postar na frente do doutor e falar com todas as letras: "Eu sou culpado".

Olhei para cabo Branco com o olho machucado, cerrado e com uma sensação de impotência, então, nada disse.

– Você sabe que eu sei que é inocente, mas aqui você é culpado, malandro. Será um prazer bater em você e, quem sabe, outras coisas mais – disse-me cabo Branco, fazendo-me pensar no que estava por vir.

– Confessa, é sua chance.

Olhei dentro de seus olhos e permaneci em silêncio.

Então ele deu um murro na mesa, levantou-se e veio para cima de mim, batendo-me fortemente no meu rosto e na minha cabeça.

Perdi o equilíbrio e fui ao chão, então os socos cessaram, mas vieram os pontapés nas costelas, na barriga e na cabeça.

Até que um dos chutes atingiu em cheio meu rosto e logo desmaiei. Acordei deitado no chão de pedra de minha cela.

Logo Clóvis e Durval, ao me verem acordar, vieram até mim, colocando-me sentado.

Não consegui abrir um dos olhos por causa do inchaço e Durval foi colocando em minha boca uma tigela com água.

– Beba, fará bem a você.

Minha boca estava toda machucada com cortes e eu mal conseguia abrir.

Percebi que havia perdido um dos dentes da frente quando passei a língua ao redor da boca.

– Maldito cabo Branco. Bater em um garoto assim é muita covardia, Clóvis. Isso não pode ficar assim – esbravejou Durval enquanto segurava minha cabeça.

– E fazer o que, Durval? Falar com o doutor? Ele é quem apoia isso! Ele só quer mostrar que está prendendo bandido. Imagina quando ele disser que prendeu o assassino da mãe e da filha lá do morro onde esse garoto mora. Será a glória para ele.

Olhei para Clóvis, aos poucos ia percebendo o tamanho da encrenca em que Pescoço tinha me colocado.

As lágrimas iam escorrendo pelo meu rosto misturados com sangue.

Meu paletó branco já mesclava com meu sangue.

Estava tão fragilizado que não conseguia nem ter raiva de Pescoço.

– E o pior, garoto, é que ele não irá parar, quando você estiver quase sarando dessas feridas ele baterá de novo em você.

Olhei para Durval e acenei com a cabeça, já que não conseguia falar. Ele me olhou e concluiu:

– E ele achará um meio de você fazer o que ele quer. Ele sempre acha.

As palavras de Durval colocaram ainda mais dúvidas em minha cabeça. O que cabo Branco seria capaz de me fazer para confessar algo que eu não tivesse feito? Iria me matar?

Os dias foram passando e as feridas iam sarando.

Já conseguia comer a refeição que era servida sempre no meio da tarde e, às vezes, falava com Durval e Clóvis. Porém, a maioria das vezes ficava em silêncio assim como João que não falava nada e o homem da cela em frente, que mais ouvia gemer de frio à noite do que falar.

Às vezes ele se postava na grade, olhando para a nossa cela, ele me olhava, mas eu desviava o olhar.

Até que alguns dias depois, o homem, que sempre estava ali tomando conta da cela, bateu com sua barra de ferro na grade e disse:

– Vamos, malandro, venha cá – apontando a barra de ferro para mim.

Meus olhos arregalaram, meu coração disparou e a apreensão tomou conta de mim.

Levantei-me mesmo com minhas pernas tremendo. Durval, Clóvis e João olharam em silêncio para mim.

Aproximei-me, virei-me e as algemas de ferro tocaram minha pele.

Saí da cela e olhei nos olhos do homem franzino e sem camisa que, sério, me olhava de volta.

Começamos a andar pelo corredor e eu já via se aproximar a porta da sala onde cabo Branco havia me espancado.

Passamos por ela, o que estranhei, e entrei em outra sala, só que essa tinha janelas e era maior.

Ao entrar, tinha uma mesa e, para minha surpresa, Dalva estava sentada do outro lado da mesa.

Ao vê-la, minha surpresa foi gigante e meus olhos se encheram de água.

O homem me fez sentar na cadeira no lado oposto de Dalva, que me olhava com um olhar surpreso e de pena; vi seus olhos se encherem de água, ficando vermelhos.

Ela olhou para o guarda que me conduzia e ele olhou de volta para ela, saindo da sala.

Olhei para ela que me olhou de volta e logo perguntei:

– Dalva? Que faz aqui?

Ela debruçou na mesa, colocando a sua mão em meu rosto, respondendo com outra pergunta:

– O que fizeram com você? Está todo machucado.

– Passei alguns maus bocados aqui, Dalva.

– Imagino meu príncipe, imagino. Olhe seu rosto, olhe sua roupa que lhe dei. Está também mais magro.

Sorri sem jeito, olhando para baixo envergonhado.

– Pois é, Dalva, como disse, não tenho tido bons dias. Mas o que faz aqui? – tornei a lhe perguntar.

– Precisava vê-lo. Vim aqui há alguns dias, mas não deixaram ver você. Disseram para eu voltar hoje. Assim, doutor Arantes me permitiu.

– Doutor Arantes? O senhor doutor?

– Sim, ele mesmo. Conheço doutor Arantes e sua família. Sou amiga de sua mulher e sei de algumas coisas sobre ele. Como ele não presta e gosta de dinheiro, uni o útil ao agradável para poder te ver.

Eu, surpreso com as palavras de Dalva e sua coragem, quis saber mais.

– E como soube que eu estava aqui?

– Como você desapareceu, fui ao morro perguntar de você. Encontrei sua Donana que me contou o que aconteceu com você e me falou onde você estava.

– Donana? Como está Donana? – perguntei com os olhos marejados.

– Triste. Muito triste. Ela disse que aqui veio, mas não a deixaram entrar. Prometi a ela que eu o tiraria daqui.

Escutei as palavras de Dalva e fiquei ainda mais confuso, pois uma questão ainda estava no ar.

– Me tirar daqui? Como? Espere Dalva, o que foi fazer no morro atrás de mim?

Dalva olhou para o chão, desviando seu olhar do meu e percebi que as lágrimas correram pelo seu rosto.

– Dalva? – perguntei preocupado.

Ela levantou a cabeça com as lágrimas escorrendo e respondeu:

– Eu engravidei de você. Eu nunca tive problemas para engravidar. O problema era meu marido. Mas eu fiz coisas para abortar essa criança.

Meus olhos arregalaram, minha boca secou e meu coração disparou.

– Abortar? – foi o que consegui perguntar.

– Sim, já não estou mais grávida, meu marido me mataria se tivesse um filho mulato. Além do mais você sumiu, fiquei sem notícias suas. Quem sabe se você estivesse comigo tomaria outras decisões.

– Estava preso, Dalva. Acusaram-me de algo que eu não fiz – disse indignado.

– Eu sei, eu sei. Não é culpa sua. Mas agora acabou, acabou – disse Dalva chorando e passando as mãos pelas suas lágrimas.

As minhas lágrimas corriam pelo meu rosto. Pensei no filho que não iria mais nascer e no sofrimento de Dalva.

– Me desculpe, Dalva. Me desculpe. Se eu estivesse ao seu lado, faríamos algo para esse filho nascer. Mas não estive. Me desculpe.

As lágrimas começaram a rolar pelo rosto de Dalva novamente.

– Eu sei Pedro, eu sei. Mas agora passou, vou tirá-lo daqui. Prometi a Donana e assim cumprirei.

– Tirar-me daqui? Como?

– Vai fugir. É o único meio.

– Fugir? Não, Dalva, não posso fugir. Se eu fugir estarei comprovando o que eles querem. Estarei assumindo uma culpa que eu não tive.

– Você já é culpado, todos o julgam como culpado. Fuja, vá embora. Vá para o sertão da Bahia e viva lá. Jamais o acharão lá. Darei a você um bom dinheiro para recomeçar sua vida.

Olhei para Dalva e perguntei:

– Por quê? Por que quer isso?

– Porque o amo e você não merece ficar aqui, pagando pelo que não fez. Porque é o pai de meu filho que nunca tive e porque prometi a Donana.

As lágrimas começaram a escorrer pelo meu rosto, abaixei minha cabeça e disse a Dalva:

– Um filho, Dalva, iríamos ter um filho.

Dalva também abaixou sua cabeça em sinal de desolação e depois a levantou ordenando:

– Quero que fuja. Falarei com doutor Arantes e depois com você para te instruir.

Levantei minha cabeça e olhei nos olhos de Dalva.

– Não, Dalva, não fugirei. A verdade há de aparecer em algum momento.

– Pode aparecer, porém pode demorar e pode também não vir – ponderou sabiamente Dalva.

Entortei a cabeça, escutando suas palavras, que poderiam ser verdade.

– Talvez tenha razão, Dalva, mas tenho que dar tempo ao tempo. Depois penso em algo.

Dalva abaixou sua cabeça em sinal de desolação e suspirou fundo.

– Está bem, Pedro. Não concordo com você, mas está bem. Pelo menos me deixe melhorar sua situação aqui. Roupas novas, banho, comida, o que posso fazer por você? – perguntou-me, demonstrando preocupação.

– Nada, Dalva, nada. Não se preocupe, estou bem.

– Não está, não está. Então faremos assim: volto em uma semana e falamos de novo sobre sua situação. Pense até lá, prometa-me isso. Prometa a Donana – disse Dalva agora em tom de desespero.

Percebendo sua insistência, entendi que Dalva estava determinada a me ajudar. Então, para encurtar a conversa, concordei com ela.

– Está bem, Dalva. Está bem. Pensarei sobre o assunto.

Dalva sorriu um sorriso amarelo para mim.

– Então está bem, se cuide aqui.

– Obrigado, Dalva. Obrigado por ajudar Donana e tentar me ajudar.

Dalva se levantou e eu também, então ela me abraçou com carinho. Colei meu peito em seu peito, mesmo eu estando com os pulsos presos.

Ela se afastou e sorriu para mim e foi em direção à porta, abrindo-a e saindo por ela.

Um dos guardas entrou e me pegou pelo braço, conduzindo-me pelo corredor.

Ao chegar à porta de minha cela, o homem, que estava sozinho em sua cela, estava de pé me olhando firmemente.

Enquanto o guarda me colocava para dentro e tirava as algemas de ferro, eu olhava de volta para o homem preso.

O guarda saiu e trancafiou a cela, nós permanecíamos nos olhando, então andei em sua direção, encostando-me às barras de ferro e olhei em seus olhos.

– Onde está sua parte de cima da roupa? – perguntei a ele que nitidamente franziu as sobrancelhas, estranhando minha pergunta.

– Não tenho há tempos – respondeu-me ele surpreso.

– E por isso passa frio à noite toda, não?

– Sim, não posso evitar – respondeu-me ele também de bate-pronto.

Sem pensar, tirei meu paletó e passei entre as grades de minha cela, esticando o braço para que ele alcançasse.

– Tome, use. Deve melhorar sua noite.

Ele olhou surpreso com minha atitude e deu um passo atrás.

– Por quê? Por que me dá seu paletó branco?

– Não tão branco, tem um pouco de sangue, mas ficará aquecido, – disse sorrindo para o homem.

– Você entendeu minha pergunta? – disse ele rangendo os dentes.

– Não suporto ver alguém passando frio por falta de roupa. Não suporto ver alguém passando fome por falta de comida. Não estou lhe dando por pena, mas sim compartilhando com coração.

Fez-se um silêncio dos dois lados, e Clóvis, João e Durval olhavam para mim sem nada dizer, apenas acompanhando aquela cena com expectativa.

O homem voltou a se aproximar da grade e esticou sua mão, pegando meu paletó, puxou-o para sua cela.

Sorri para ele que ainda estava sério e ressabiado, e virei minhas costas indo para meu canto.

– Por que fez isso, garoto? – perguntou Clóvis curioso.

Olhei para ele e respondi o que era óbvio para mim:

– Ora, o homem tinha frio e agora não terá mais.

Clóvis, em silêncio, balançou a cabeça e depois sorriu, nada dizendo.

Dois dias se passaram e eu pensava na proposta de Dalva. Pensava também o quanto ela deveria ter sofrido para abortar nosso filho. Pensava na morte de mais um inocente e me culpava por isso também. Odiava ainda mais Pescoço por mais essa morte.

Então, cabo Branco surgiu quase no começo da noite e acendeu a fraca luz que iluminava as duas celas.

– Malandro, vem cá – ordenou ele a mim que estava no meu canto pensativo.

Olhei para Clóvis, que se remexeu em seu canto e olhou para mim preocupado.

Levantei-me e fui à porta da cela.

– Vire-se – ordenou cabo Branco, eu lhe atendendo, virei-me, colocando as mãos para trás.

Ele colocou as algemas de ferro e me puxou para fora da cela; senti um forte cheiro de pinga que ele exalava.

– Vamos conversar um pouco – disse-me cabo Branco meio que enrolando a língua.

Ele me empurrou pelos corredores vazios do quartel sob fracas luzes que pouco iluminavam.

Logo percebi que iríamos novamente à sala que ele havia me agredido. A sala sem janelas e apenas uma mesa, com duas cadeiras opostas.

Ele me sentou em uma e ele sentou-se na outra.

– Então, eu preciso que confesse seu crime. O doutor está me cobrando, ele o quer enviar à penitenciária.

Eu fiquei em silêncio diante de sua afirmação e ele ficou me olhando.

Logo ele deu um murro em meu rosto, que pegou em cheio no olho.

Curvei-me na cadeira, encostando a cabeça na mesa.

– Confesse e nunca mais me verá aqui. Esse é o lado bom, malandro – disse o cabo Branco debochando de mim.

Escutei suas palavras e me descurvei, apoiando-me ao encosto da cadeira, olhando para cabo Branco com ódio no olhar.

Ele, percebendo, se levantou, olhando para mim, tirou um lenço de seu bolso, dando a volta na mesa, e colocou-se atrás de mim.

Pude novamente sentir o odor de pinga que ele exalava.

– Sua última chance. Vai se sentar na frente do doutor e assumir suas responsabilidades?

De novo fiquei em silêncio. Ele estava atrás de mim e eu já esperava nova agressão, quando me disse:

– Dei-lhe a chance – falou e passou o lenço em minha boca, puxando com força e amarrando.

Um desespero tomou conta de mim e meus olhos arregalaram, comecei a grunhir e morder o lenço que me amordaçava.

Então ele me pegou pelo colarinho na parte de trás da camisa com força, puxando-me, levantando-me, empurrando-me sobre a mesa e encostou meu peito nela.

– Quero ver se não confessará depois disso – disse ele com raiva e puxou minhas calças para baixo.

O desespero tomou conta de mim diante daquela situação. Sentia o ódio crescer ainda mais dentro do meu coração e a sensação de fragilidade aumentar.

Senti-me um pedaço de carne, senti-me vazio, senti-me um nada. Era o fim para mim.

Capítulo X

De um Lado Amor, do Outro, Ódio

Cabo Branco me levou de volta à cela quando já era noite.
Em silêncio entrei sem nada dizer e me amontoei em meu canto.
– Tudo bem, garoto? – perguntou Clóvis depois que cabo Branco fechou a cela, ficando um breu total.
Não respondi, fiquei em silêncio, porém não sei se Clóvis não perguntou mais nada me respeitando ou entendendo o que havia acontecido comigo.
Fiquei ali pasmo de olhos abertos, olhando para a escuridão que imperava naquela cela.
Então comecei a chorar tampando a minha boca, sentindo as lágrimas e a saliva que molhavam a minha mão.
Queria estar no morro, abraçar Donana e deitar a cabeça em seu colo, porém ao mesmo tempo me sentia sujo, imundo, sentindo aquele maldito cheiro de pinga que havia me impregnado.
No breu, seguindo um impulso, levantei-me e tirei toda minha roupa, ficando completamente nu.
Sentei-me e lá sentado eu fiquei pasmo, abatido e triste com o que havia acontecido comigo.
– Maldito – sussurrei para mim mesmo. A ideia de matar cabo Branco brotou em minha cabeça e enraizou em minhas ideias.
Eu, malandro do meu Rio de Janeiro, onde causava desejo nas mulheres, despertava a inveja dos homens, todos querendo ser meus

amigos, morando no morro onde era benquisto, agora, me tornara um nada sem honra.

Em alguns minutos, cabo Branco acabara com minha reputação e meu desejo de viver. Pensei sim em me matar ali, de alguma forma.

Pensei que poderia me enforcar, não sabia como, ou então pedir para trocar de cela, ficando com um louco assassino.

Posso afirmar com toda certeza de que essa foi a pior e mais longa noite de minha vida toda.

Meu corpo e minha mente estavam em colapso. Então pensei em fazer o que Dalva queria, mas não seria para fugir, mas sim me vingar dos que ali me colocaram, ou seja, cabo Branco e Pescoço. Meu desejo era acabar com a raça desses dois malditos.

O dia foi clareando e não queria que Clóvis, João e Durval me vissem nu. Então coloquei minha roupa e fiquei sentado lá em silêncio até que o homem, que tinha um bastão, batesse na grade da cela, acordando todos como de costume.

Clóvis me olhou ali amuado no canto e perguntou:

– Tudo bem, garoto?

Olhei para ele sério não demonstrando fragilidade nem tristeza, acenei com a cabeça para Clóvis.

O dia se passou e eu fiquei ali do mesmo jeito, ou seja, sentado quieto e pensativo. Clóvis e Durval não falaram comigo, pois perceberam que eu não queria conversa e João, naturalmente, pouco falava.

Nem a refeição do dia eu comi, estava enojado de tudo e de todos.

Veio a noite e, após as luzes se apagarem, com muito custo, adormeci.

Sonhei que andava pelo morro e cumprimentava a todos.

Vi Donana que estendia roupa no varal e a abracei, dando-lhe um beijo na bochecha.

Encontrei Tijolo que ergueu sua mão me cumprimentando.

Vi também Vitória que sorria para mim timidamente enquanto eu passava, também vi dona Dionísia que me acenava.

Estava indo ver Tainha em sua cabana, queria lhe dar um abraço, pois sentia saudades dele.

Bati à porta de sua cabana, entrando, e uma forte luz branca irradiava de dentro dela.

Tainha, que estava sentado na cama, olhou-me e sorriu se levantando.

Ele abriu seus braços e eu o abracei, colocando meu rosto colado em seu peito, chorando copiosamente. Eu queria falar, mas não conseguia.

– Tudo bem, meu filho, tudo vai ficar bem – dizia Tainha, batendo com a palma de sua mão nas minhas costas.

Senti o seu calor, senti o seu cheiro e o abraçava com força.

– Acalme seu coração e pense nos seus atos. Não se deixe levar pela sua emoção. A emoção corta dos dois lados, seja para o bem, seja para o mal.

Eu escutava a voz de Tainha e concordava, chorando copiosamente com a cabeça encostada no seu peito.

Tentava falar, mas não conseguia. Então, quando desencostei a cabeça, olhando para cima, vi o cabo Branco que sorria para mim.

Tomei um susto e acordei abrindo meus olhos, vendo a cela clarear aos poucos com a chegada do novo dia.

– Tainha, que saudades – falei baixo para mim mesmo.

O sonho pareceu tão real que fiquei pensando nele e nas pessoas que nele apareceram.

– Emoção, levar-me pela emoção – repeti a mim mesmo, pensando nas palavras de Tainha.

Logo o dia já estava claro e o homem, como de rotina, bateu nas grades da cela com seu bastão de ferro. Todos foram despertando, então, depois de um tempo, esse mesmo homem voltou.

– Pedro Cruz, venha – disse ele.

Eu olhei para ele, levantei-me e me aproximei da porta da cela, virando-me para que pudesse colocar as algemas.

Já imaginava que Dalva estivesse lá para me ver.

Saí da cela e fui conduzido até a sala em que havia conversado com Dalva.

Ao entrar, ela estava sentada na cadeira com os braços sobre a mesa e não conseguiu esconder sua surpresa ao ver minha aparência. Foi só o guarda sair para ela dizer:

– O que fizeram com você? Parece definhar ainda mais que da última vez.

– Estou bem, Dalva, não se preocupe. E você, como está?

– A questão aqui não sou eu, mas sim você. Quero te ajudar a fugir deste purgatório. Pensou no que lhe disse?
– Sim, Dalva, pensei – respondi abaixando a minha cabeça.
– E então? – perguntou-me curiosa.
– Aceito, aceito sua ajuda. Diga-me o que tenho que fazer.

Dalva mudou seu comportamento de pena para empolgação com minha resposta.

– Jura mesmo? Que bom ouvir isso de você. Então fazemos assim, vou combinar com Arantes, porém ele me disse que você precisa confessar o que não fez. Assim, ele pode providenciar sua ida para a penitenciária e deixá-lo fugir.

Olhei para Dalva, franzindo as sobrancelhas e perguntei surpreso:
– Só isso? O que tenho que fazer é só isso? E vai me deixar fugir?
– Sim, darei a ele um bom dinheiro e ele facilitará sua fuga – disse Dalva curta e grossa.
– Obrigado, Dalva – agradeci abaixando a cabeça.
– E não é só isso. Vou deixar com Donana um bom dinheiro para você também, para que vá embora para o sertão nordestino; lá poderá recomeçar sua vida sem ser importunado.

Olhei para Dalva e, com meus olhos cheios de lágrimas, demonstrando a fragilidade que estava dentro de mim, respondi:
– Obrigado, Dalva, você sabe quem sou eu. Sabe que nunca foi por dinheiro apenas. Foi também pelo coração e desejo que tive por você.

Os olhos de Dalva se encheram de lágrimas também.
– Eu sei, meu príncipe, sei muito bem quem é você. Dinheiro se queima com o fogo. Nada vale mais que sentimentos sinceros – respondeu Dalva enxugando suas lágrimas em um lenço tirado da bolsa.
– Agora falarei com Arantes. Não se preocupe, e só fale o que lhe for perguntado, está bem?
– Sim, Dalva, farei isso.

Dalva se levantou e pegou sua bolsa, indo para perto de mim, colocando sua mão em meu rosto.
– Nunca mais nos veremos. Espero de coração que tenha uma boa vida, uma família com muitos filhos – disse Dalva para mim com as lágrimas novamente escorrendo pelo seu rosto.

Olhei para ela também chorando e respondi:

– Obrigado, Dalva, obrigado por tudo. Levarei você em meu coração sempre.

Dalva olhou em meus olhos, sorriu chorando e saiu da sala.

Logo o guarda entrou na sala e me levantou da cadeira, levando-me para a minha cela de volta.

Entrei em silêncio na cela. Durval e Clóvis, que conversavam, também ficaram em silêncio ao me verem ser desalgemado e me sentar no canto enquanto a porta da cela batia.

– Tudo bem, garoto? – perguntou Clóvis.

– Sim, tudo. Já fiquei aqui tempo demais Clóvis – respondi sério e furioso.

– E vai fazer o quê? – Perguntou Durval.

– O errado para buscar o que é certo – respondi firme a Durval e me coloquei em silêncio.

Os dois ficaram me olhando e não disseram mais nada.

À tarde, cabo Branco apareceu na porta da cela e disse:

– Aí, malandro, o doutor quer te ver.

Olhei para cabo Branco com ódio e ele olhou para mim sorrindo.

Levantei-me, aproximando-me da porta da cela, seguindo o ritual de colocar as algemas.

Depois que me tirou da cela, ele disse ao pé de meu ouvido no qual pude sentir o cheiro de seu hálito podre.

– É bom falar o que o doutor quer ouvir, senão eu e você teremos um novo encontro à noite.

Escutei suas palavras com nojo e ódio, mas percebi que ele de nada sabia do que Dalva e o doutor haviam combinado.

Chegando à sala do doutor Arantes, sentei-me na cadeira e fiquei olhando-o escrever, em silêncio, um documento.

Mesmo com a minha presença e a de cabo Branco, ele nos ignorava e continuava a escrever vagarosamente com sua pena.

– Então? – enfim ele falou.

– O preso tem algo a falar com o senhor, não tem, preso?

Olhei para o doutor Arantes, que me olhava, e permaneci em silêncio para não ser espancado.

– Fale – ordenou doutor Arantes.

– Fui eu, senhor doutor. Fui eu quem matou as duas.

– Claro que foi você senão não estaria aqui todos estes dias. Estou certo?

– Sim, senhor doutor, está certo – concordei com o doutor Arantes com um nó na garganta.

– Ótimo, amanhã vai para a penitenciária e lá irá esperar a decisão de um juiz. Tudo será encaminhado para ele.

– Eu o levo para a penitenciária – interferiu cabo Branco.

Doutor Arantes olhou para cabo Branco sob seus óculos e disse:

– E desde quando é sua função levar o preso à penitenciária?

Nesse momento, tive a certeza de que cabo Branco não estava envolvido no acordo entre Dalva e doutor Arantes.

– Não é, mas posso fazer isso amanhã, doutor.

– Não, não quero. Quero você de patrulha no morro de onde esse infeliz veio amanhã.

– Mas doutor...

– Sem mas cabo Branco, dispensado – gritou doutor Arantes e bateu na sua mesa com a palma de sua mão.

– Sim, senhor doutor – disse cabo Branco desolado com tal ordem.

– E você, eu não o quero ver aqui nunca mais, está me entendendo? – disse o doutor apontando para mim.

– Sim, senhor doutor – respondi entendendo sua real intenção.

Cabo Branco me pegou pelo colarinho e me puxou, levando-me para fora da sala do doutor Arantes e, durante o trajeto, se gabou sobre mim.

– Pois é, malandro. Eu disse que confessaria, agora vai entrar naquela penitenciária e só sairá de lá velho ou morto.

Escutei suas palavras remoendo o ódio daquele homem dentro de mim, onde se alimentava ainda mais meu desejo de vingança contra ele.

Ao chegar à cela fui colocado para dentro e desalgemado, voltei para meu canto.

Clóvis e Durval me olharam e eu olhei para os dois.

– Amanhã vou para a penitenciária.

– Você então confessou? – perguntou-me Durval em um impulso.

– Falei o que eles queriam ouvir.

– E por que fez isso? Cabo Branco o forçou a confessar, não é? – perguntou Durval em um impulso.

– Fique quieto Durval, isso não é problema nosso. Se o garoto fez o que fez é porque acha correto – disse Clóvis, ponderando a situação.

– Ei, malandro – chamou o homem a quem eu havia dado meu paletó.

Olhei para ele que me chamava com a mão para que eu me aproximasse da minha grade.

Levantei-me e fui perto da grade e ele começou a falar em tom baixo:

– O que é que tu tá armando? – perguntou ele curioso.

– Nada, não estou armando nada, não – respondi com firmeza.

– Bom, não me interessa, mas queria te dizer uma coisa. Se um dia tu sair da penitenciária e precisar de qualquer coisa, tu conhece o Morro Baixo?

– Sim, claro – respondi.

– Bom, se tu precisar de qualquer coisa tu vai até o Morro Baixo e procura o Saci.

– Saci?

– Sim, é meu irmão. Diga a ele que tu precisa de alguma coisa que está dentro da caixa preta.

– Caixa preta? – perguntei intrigado.

– Fale baixo, malandro. Sim, caixa preta. Assim ele saberá que sou eu quem está pedindo. Ele lhe dará qualquer coisa que tu quiser, seja dinheiro, revólver ou bala.

Fiquei na hora interessado no revólver, pois era difícil conseguir um revólver.

– Obrigado, mas por que isso? – perguntei curioso.

– Tu ainda pergunta? Tu foi o único aqui que se importou comigo. Só quero retribuir o favor.

– Dei sem intenção. Tu passava frio.

– Eu sei, por isso eu estou fazendo a troca. Abre teu olho na penitenciária.

– Farei isso – respondi, acenando com a cabeça e afastei-me da grade, voltando para o meu canto.

Lá sentado, pensei o que iria fazer no dia seguinte.

Se realmente Dalva tivesse feito o que disse que faria, eu, no dia seguinte, estaria livre.

Já de imediato iria até o Morro Baixo e pegaria o revólver com o tal Saci.

Depois iria ao morro, meu morro, e iria atrás de Pescoço e depois mataria cabo Branco.

Então poderia fugir para o sertão da Bahia e recomeçar minha vida.

Estava traçado, estava decidido e assim faria, pois Pescoço morrendo, cabo Branco iria patrulhar aquele morro incansavelmente para me capturar de novo e, aí sim, eu mataria o maldito.

Comecei a lembrar desde o primeiro dia em que havia colocado meus pés naquele maldito quartel.

Cada momento ali me transformara de um homem alegre, digno e cheio de vida em uma pessoa triste, amargurada, com muito ódio e sem dignidade.

Mesmo se eu fosse culpado, como pode um lugar, que seria de correção, torturar e acabar com a dignidade de um homem?

Estava tudo errado, pois ali éramos cuidados por alguns homens que não respeitavam as leis, vestindo as roupas da própria lei.

Isso me deixava indignado, pois naturalmente, como entrei inocente, eu sairia fugido como um criminoso e disposto a cometer dois crimes.

Estava tomado pelo ódio. Estava tomado pela emoção e com minha vibração baixa.

Muitas escolhas estavam feitas, bastava agora caminhar para o abismo e nele me jogar.

Capítulo XI

A Ela Nem Malandro Engana

Acordei com as batidas na grade da cela.
Minha expectativa começava a aumentar dentro de mim, pois logo sairia daquele buraco, onde eu nunca deveria ter estado.
O que levaria comigo dali? Nada, apenas o desejo de vingança.
Logo o homem que tomava conta das duas celas apareceu.
– Pedro, vamos.
Levantei-me e João, Durval e Clóvis vieram até mim.
Olhei para eles e por um instante fui eu novamente.
– Obrigado por tudo. Só tenho a agradecer – disse a eles.
– Fique bem, Pedro – disse João de poucas palavras.
– Sim, se cuide na penitenciária. Quem sabe nos vemos lá? – disse o falastrão Durval.
– Quem sabe você prova sua inocência e nunca mais nos vemos? – disse o sensato Clóvis.
– Quem sabe não nos vemos em uma mesa de bar ou em uma roda de samba? – disse eu sorrindo.
Eles sorriram juntos, e eu fui para a porta da cela e olhei para o homem que vestia meu paletó sobre o peito desnudo.
– Não se esqueça do que eu te disse – recomendou-me ele.
Acenei com a cabeça e, algemado, fui levado para uma radiopatrulha, onde um homem apoiado na porta olhava eu me aproximar.
Entrei no banco de trás da radiopatrulha e o homem entrou na frente, saindo em disparada do quartel.

Eu não falava nada, apenas olhava pela janela da radiopatrulha e ele dirigia também quieto.

Não sabia onde era a tal penitenciária, porém o homem dirigiu por um tempo, até que não houvesse mais movimento de carros e pessoas transitando.

Então, do nada, ele parou a radiopatrulha e a desligou, descendo, puxou o banco para eu sair.

O lugar era um matagal só, fiquei com receio, pois se ali ele me matasse, ninguém saberia.

Ele tirou minhas algemas e me disse:

– Vá embora. Se aparecer por aqui de novo, você morre.

Olhei para ele esfregando meus pulsos e não disse nada.

Virei as costas e comecei a caminhar no sentido oposto à radiopatrulha, ao escutar ela ser ligada e sair, olhei para trás e vi que se afastava, então, virei-me, caminhando para sua direção que iria dar na área de mais movimento.

Sabia que estava bem longe do morro e a única saída seria andar até ele, já que não tinha um réis no bolso.

De baixo do sol que já ardia sobre o meu Rio de Janeiro, comecei a caminhar quase sorrateiramente com receio de ser reconhecido por alguém.

Andava pelos cantos de cabeça baixa sem olhar muito para a frente. Evitava ruas pouco movimentadas e caminhei por um bom tempo até chegar ao pé do morro.

De longe vi a cabana e o barco de Tainha na areia, e me deu um grande aperto em meu coração.

Fui à casa de Barnabé que morava ao lado de seu boteco e bati à porta, ficando encostado nela para não chamar a atenção.

Barnabé abriu a porta e se assustou quando viu que era eu quem batia.

– Oh, Maestria, você saiu? Que bom, Maestria.

– Me deixa entrar, Barnabé? – perguntei, já sabendo que ele morava sozinho.

– Claro, Maestria, entre – disse e me deu passagem.

– Você saiu? – tornou a perguntar, fechando a porta.

– Não, Barnabé, eu fugi.
– Fugiu? Está maluco? – perguntou ele assustado.
– Sim, Barnabé, a cadeia não foi feita para mim.
– Mas você não pode fugir. Vai ter mais problema. Hoje mesmo vi cabo Branco subindo o morro.
– Sim, sei que está por perto.
– Então, Maestria, vá para longe – aconselhou-me Barnabé.
– Vou, Barnabé, vou sim. Mas antes tenho que resolver uma questão.
– E qual questão é essa, Maestria?
– Melhor você não saber. Agora preciso encontrar Donana, mas não aqui, não quero colocá-lo em risco.
– Vá à cabana de Tainha, está fechada desde que ele partiu dessa para melhor. Ninguém vai lá.

Olhei para Barnabé arregalando os olhos, entendendo que era o melhor lugar.

– Sim, boa ideia, Barnabé. Poderia chamar Donana para mim? Dizer que venha com cautela para me ver?
– Claro, Maestria. Primeiro te levarei à cabana e depois busco Donana.
– Está certo – concordei com Barnabé.

Barnabé, antes de abrir a porta, teve o cuidado de colocar um chapéu em minha cabeça e saiu olhando para os lados.

– Vem, Maestria – disse ele cochichando e, andando, atravessou a avenida que separava o pé do morro da beira do mar.

Fui rapidamente sob sua proteção e cheguei à cabana de Tainha, empurrando a porta, entrei com Barnabé.

Foi um choque ao entrar e ver ainda a marca de sangue levemente sobre a areia batida.

Sua cama estava intacta desde a sua morte. A cabana estava igual.

– Pobre Tainha, não, Maestria.
– Grande Tainha, Barnabé – disse-lhe, corrigindo-o.
– Fique aqui, que logo Donana virá.
– Tome cuidado, Barnabé.

Barnabé saiu acenando com a cabeça e fechou a porta.

Fiquei ali só, na cabana de Tainha, meus olhos se encheram de lágrimas ao olhar ao redor.

– Ah, meu amigo, velho amigo – murmurei para mim mesmo, vendo que suas coisas ainda permaneciam intactas desde que ele havia morrido naquela noite.

Lembranças vivas estavam em minha mente daquela noite, eu me recordava com riqueza de detalhes como Pescoço nos traiu sorrateiramente, trazendo o maldito cabo Branco até ali.

Logo a porta da cabana se abriu e Donana entrou desesperada, já com lágrimas correndo pelo seu rosto e me abraçando.

Abracei-a de volta e as lágrimas também correram pelo meu rosto.

– Oh, meu filho! Quantas saudades de você. Quantas saudades – disse Donana aos prantos.

– Eu também, Donana, eu também.

Ela se afastou um pouco de mim, porém, me abraçando ainda, e olhou para o meu rosto com lágrimas escorrendo.

– Tentei te ver no quartel algumas vezes, mas não deixaram, não deixaram.

– Eu acredito, Donana. Acredito – respondi passando a mão em seu rosto, secando as lágrimas.

– A bela dona disse que tiraria você da cadeia, aliás, disse não, prometeu e assim cumpriu.

– Sim, Donana, ela é uma grande mulher.

– Está muito magro, Pedro Cruz. Maltratado, abatido e vejo que te machucaram também – lamentou Donana, passando a mão em meu rosto.

– Não é lugar para mim, Donana, aquele lugar me faz mal.

– Sem contar que precisa de banho, está numa catinga só.

– Está mesmo, Donana. Não falei nada, mas já que tu falou – disse Barnabé que acompanhava nossa conversa encostado na porta e segurando algo enrolado em um pano.

– É, eu sei. Preciso de um banho, preciso de uma troca de roupa.

– E precisa fugir, ir embora daqui – interrompeu Donana com a voz firme.

– Eu sei, Donana, eu sei, mas antes preciso resolver um problema.

Donana olhou dentro de meus olhos, fechando sua feição, e disse:

– Barnabé, me dê esse prato de comida e saia, fique lá de seu boteco vigiando.

— Tá bem, Donana — Barnabé obedeceu-lhe dando o prato para Donana que não tirava os olhos de mim e saiu.

— O que tu tem para resolver aqui, Pedro Cruz? Tu tem é que ir embora daqui.

Olhei sério também para Donana bem dentro de seus olhos, e respondi com raiva:

— Vou matar Pescoço. Vou matar cabo Branco. Aí vou embora, Donana.

— Está louco? Matar? Desde quando tu é de matar alguém? Tu não é assassino, Pedro Cruz, tu não é criminoso, Pedro Cruz, tu é malandro carioca e do bem, muito do bem — advertiu Donana indignada com minha resposta.

— Eu fui traído, Donana, fui desgraçado, Donana, fui tratado pior que bicho no quartel, Donana. Mataram Tainha, mataram Vitória e sua mãe sem contar que... — disse aos prantos a Donana, parando de falar e fazendo um silêncio.

— Sem contar o quê, Pedro Cruz? Me diga — falou Donana ainda séria e com as lágrimas correndo pelo rosto.

— Sem contar que mataram meu filho, Donana. Meu filho. Eu ia ser pai, mas Dalva abortou a gravidez.

— A mulher rica?

— Sim, Donana, ela ia ter um filho meu, mas teve que abortar, pois eu não estava por perto, porque estava preso, Donana. E preso por culpa desses malditos. Entende?

— Então é por isso que ela o ajuda tanto. Ela até me deu isso para te dar — disse Donana, puxando de dentro do bolso de seu avental um pacote fechado.

— É dinheiro, não?

— Sim, Pedro Cruz, dinheiro, é muito dinheiro que tem aqui. Dinheiro para começar a vida em outro lugar, livre e seguro. Mas agora tu resolve fazer justiça com as próprias mãos!

— E não é, Donana? Se eu não fizer quem fará? A polícia? Cabo Branco? O tal do senhor doutor? Estão todos vendidos por dinheiro ou raiva, Donana. Sou pobre, sou negro, sou morador de morro e vivo na noite sambando. Acabaram com minha vida por inveja do que eu sou.

Pescoço não conseguia me ver feliz e resolveu me prejudicar, e assim conseguiu. Entende, Donana, entende?

Donana ficou quieta por um instante e olhou para a areia batida dentro da cabana.

Fiquei olhando para Donana em silêncio e ela levantou a cabeça e olhou dentro de meus olhos:

– Você pode até tentar, mas não vai matar. Você não tira a vida, você vive a vida e ama a vida. Eu o conheço, Pedro Cruz, eu o conheço.

– Sim Donana, mas isso era antes de eu ser preso e passar dias e dias naquela cadeia, dentro daquele quartel. Agora eu quero vingança. Depois disso, vou embora, prometo.

– Está bem, Pedro Cruz, está bem. Do que tu precisa? – perguntou Donana visivelmente contrariada.

– Agora preciso de banho e me esconder. A essa altura, cabo Branco já deve saber que fugi com a ajuda do senhor doutor. Depois vou a alguns lugares.

– Tu não pode ficar aqui, sabe que aqui será o primeiro lugar que ele virá.

– Sim, Donana, eu sei. Tu peça a dona Dionísia para me esconder lá. Ninguém precisa saber que eu estou no morro e cabo Branco não sabe no barracão de dona Dionísia.

– Sim, farei isso, Pedro Cruz. E esse dinheiro, faço o quê? – perguntou-me com o pacote de dinheiro na mão.

– Te peço, Donana, para comprar um terno branco para mim, chapéu branco com fita preta o rodeando e sapatos novos. Não sairei fugido do morro usando roupas sujas e rasgadas, daqui só saio bem-vestido, tu sabe as minhas medidas. Compra também uma água de cheiro. O resto pego com você depois quando eu partir.

– Está bem, farei isso e falarei com dona Dionísia.

– Sim, Donana, prometo que vou embora de coração partido, mas vou.

– Tá certo – disse Donana me abraçando e me entregando o prato de comida.

Ela me olhou e saiu do barraco de Tainha, me deixando ali sozinho.

Sentei-me na cama e comecei a comer a maravilhosa buchada que só Donana sabia fazer com feijão-branco.

Fartei-me de comer e me deitei na cama que era de Tainha.

Fazia tempo que eu não dormia em uma cama.

Comecei a pensar em como agiria, e como emboscaria Pescoço e depois cabo Branco. O ideal seria pegar os dois juntos para não correr risco.

Sabia que cabo Branco não entrava no barracão de dona Dionísia e isso me dava uma boa vantagem.

Fiquei pensando como fazer e, por fim, adormeci.

Acordei assustado me situando onde estava. Vi que estava no barraco de Tainha e me sentei na cama.

Estava escuro e decidi não acender a lamparina para não chamar a atenção.

Mexi nos sacos onde Tainha colocava suas roupas e peguei uma camisa que ficaria larga em mim, mas estava limpa.

Olhei pela fresta da porta e não vi ninguém, andei acelerado para o mar que estava negro por causa da escuridão da noite, tirando minha calça na beira, corri em sua direção, molhando as pernas e me atirando na água.

Que sensação maravilhosa sentir aquela água molhando o meu rosto na escuridão daquele mar sem fim!

Dei algumas braçadas e fiquei em um espaço onde apenas a marola balançava meu corpo.

Deitei-me e boiei naquela água deliciosa, sentindo o vai e vem da marola do mar.

Senti-me livre por um instante, me esqueci de meus problemas.

Voltei para a cabana de Tainha, onde havia um galão de água e uma barra de sabão, lavando-me lá dentro mesmo no escuro para que ninguém suspeitasse de que havia alguém na cabana.

Vesti minha calça e a camisa de Tainha, e saí pela espreita, sentido Morro Baixo.

Lá chegando vi um boteco aberto e meio que abandonado de pessoas, fui até o balcão falar com o homem que lavava os copos sem olhar para mim.

– Boa noite, senhor. Poderia me ajudar?

– Pois não – disse ele lavando os copos sem olhar na minha direção.

— Onde encontro o Saci?

— Passou aqui agora mesmo. Sobe aí e vai perguntando que você acha ele — respondeu novamente, sem ao menos olhar para mim.

Saí do boteco e, alguns metros para frente a perguntei a outro homem que apontou um barraco onde estava o tal Saci.

Bati à sua porta e prontamente um homem negro, magro, usando um bigode fino apareceu fumando um cigarro.

— Saci? — perguntei.

— Quem quer falar com ele? — perguntou desconfiado.

— Estou a mando de seu irmão.

Logo ele arregalou os olhos e, empolgado, disse:

— Meu irmão? entre, venha.

Entrei em seu barraco com forte cheiro de cigarro, ele prontamente me ofereceu um e aceitei. Sentamo-nos em um sofá e ele me perguntou:

— O que diz, meu irmão? De onde o conhece?

Encabulado com sua pergunta, respondi desconfortável:

— Conheci ele na cadeia do quartel.

— Sim, só pode, você saiu quando?

— Hoje pela manhã.

— Que bom para você! Qual o recado que tu tem?

— Seu irmão me disse que se eu precisasse de alguma coisa eu poderia te procurar.

Logo o Saci murchou e perguntou por obrigação:

— Ah, e do que tu precisa?

— Um revólver — respondi seco e direto.

— Ah, entendo. E quem me garante que você conhece meu irmão? — perguntou ele novamente colocando barreiras.

— Ele disse caixa preta.

O Saci ficou me olhando por um instante, então se levantou e se abaixou, pegando uma caixa embaixo do sofá.

Com o cigarro na boca, abriu a caixa e eu contei dentro dessa caixa três revólveres; ele, pegando um revólver, tornou a fechar a caixa.

— Meu irmão deve gostar de você, tome.

Peguei no revólver procurando para não tremer, pois nunca tinha segurado um.

– O que tu vai fazer com isso?

– Vou resolver um problema – respondi.

– E tu já atirou na vida?

– Não, mas não deve ser difícil – falei tentando ser seguro.

– Do que mais tu precisa? – perguntou Saci, mudando totalmente a forma de me tratar.

– Nada, obrigado – disse me levantando e colocando o revólver na cintura.

Saí do barraco de Saci e tomei o rumo do morro, pensando o que iria fazer para matar Pescoço e cabo Branco.

Chegando ao morro, não subi, pois ainda havia muito movimento e não queria ser visto.

Fiquei um bom tempo na areia camuflado pela escuridão, vendo o movimento se dissipar no morro.

Então, pelas beiradas, subi até o barraco de dona Dionísia. Bati à porta e veio dona Dionísia.

– Quem é a essa hora?

Não respondi e bati de novo.

Então ela abriu e levou um susto ao me ver, sorrindo e abrindo os braços.

– Menino, que bom te ver aqui. Donana me avisou. Entre, entre.

Entrei e dona Dionísia me deu um caloroso abraço.

– Tu tá mais magro. Mas que bom que está aqui. Donana não me falou como saiu, só pediu para eu guardar segredo. Então, como conseguiu sair?

Abaixei a cabeça e respondi:

– Vou mentir para a senhora não, dona Dionísia, na verdade eu fugi.

Dona Dionísia passou da alegria para o desespero.

– Fugiu? Não pode, vai se complicar ainda mais, menino.

– Eu sei, dona Dionísia, mas era o único meio. Vou me embora amanhã para bem longe, mas hoje preciso de um lugar seguro para ficar.

– Claro, menino, aqui é sua casa também. Pode ficar sempre e o quanto quiser. Tu comeu?

– Sim, dona Dionísia, Donana me deu o que comer.

– Venha, vou lhe dar um colchão – disse ela, dando-me as costas e entrando pela porta que dava passagem para sua casa.

Olhei para o altar, vendo a vela no centro que iluminava Jesus Cristo, São Jorge e Nossa Senhora da Conceição.

Aproximei-me de São Jorge e coloquei a mão em Nossa Senhora da Conceição, fazendo sinal da cruz.

– Minha Iemanjá, me guie e me proteja.

Virei as costas e entrei na casa de dona Dionísia, onde ela preparava um canto para eu dormir.

– Preciso de uma gentileza sua, dona Dionísia.
– Pois diga, menino.
– Tu pode chamar Vila Velha para mim agora?
– Agora? A essa hora?
– Sim, é muito importante.
– Está bem, já volto – ela me disse e saiu batendo a porta do barracão.

Logo ela voltou com Vila Velha que me deu um forte abraço.
– Oh, Maestro, que satisfação em te ver.
– Sim, Vila Velha, satisfação minha.
– Tu saiu saindo ou tu saiu fugindo?
– Fugindo. Sair saindo daquele lugar só morto.
– Puxa, o que tu quer comigo?
– Preciso de um favor.
– Qualquer um malandro.
– Preciso que vá ao quartel e diga que estou foragido no Morro Baixo.

Vila Velha e dona Dionísia se espantaram com o favor e logo retrucaram.

– Tá doido, é? Falar que tu tá no Morro Baixo? Vá embora agora Maestria, te ajudo a fugir agora. Eu te levo aonde tu quiser.

– Não, Vila Velha, não sairei daqui assim, pois a polícia pouco me interessa. Interessa Pescoço que matou Vitória e a mãe dela. E foi responsável pela morte de Tainha.

– Mas a radiopatrulha vai patrulhar Morro Baixo e por inteiro amanhã – disse dona Dionísia.

— Sim, não a quero por aqui, pois já devem saber que eu fugi. Para eles é de duas uma: ou eu estou aqui no meu morro, ou já estou bem longe. Então o que é mais fácil eles vão fazer, que é vir para cá amanhã me procurar.

— E por que você quer que eu fale a eles que você está em Morro Baixo? — Perguntou Vila Velha coçando o rosto.

— Quero que tu diga que o assassino de Vitória e sua mãe está no Morro Baixo escondido. Vão acreditar em você, porque tu é da malandragem e será bem convincente, pois não aceita o que eu fiz. Então eles vão patrulhar lá amanhã e não virão para cá. Tu pode fazer isso para mim?

— Acha mesmo que acreditarão em mim, Maestro? — Perguntou Vila Velha cabreiro.

— Sim, diga que não aceita assassino no morro e que eu deveria estar preso por temer que eu me esconda aqui.

— Está bem, Maestria, eu vou!

— Vá cedo Vila Velha, não podemos ter radiopatrulha aqui amanhã — completei.

— E o que fará, menino? — Perguntou dona Dionísia.

— Vou me ajustar com Pescoço. Isso que farei — disse olhando para ela.

— Não vai fazer nenhuma besteira vai? — tornou a perguntar dona Dionísia preocupada.

— Isso tudo depende, Dona Dionísia. Eu quero entrar na mente de Pescoço e fazê-lo confessar o que fez.

— E como fará isso, Maestria? — perguntou Vila Velha.

— Com sabedoria, Vila Velha. Tenho tudo preparado e pensado. Por isso a radiopatrulha tem que ficar longe daqui amanhã, está bem?

— Sim, Maestro, deixa comigo.

— E depois disso tudo me vou embora. Mas primeiro vou limpar minha honra com o morro, porque aos olhos da polícia eu não tenho chance nem com Pescoço confessando a ela. Vai dar tudo certo.

— Vai sim, menino. Vai sim — disse dona Dionísia.

No dia seguinte, acordei cedo no barraco de dona Dionísia, onde ela já havia preparado um café preto.

Tomei e fiquei esperando notícias de Vila Velha que não aparecia.

Fiquei olhando pelo vão do barracão para ver Vila Velha ou alguma radiopatrulha. Até que Vila Velha apareceu.

– Salve, Maestro!

– Salve, Maestria, então?

– Então, tá um rebu aquilo tudo lá. Cabo Branco me viu entrar no quartel e já veio me interpelar. Queria saber se eu sabia de tu.

– E você? – perguntei curioso.

– Disse que sim, que estava no Morro Baixo. Não era isso que tu queria?

– Sim, e eles? – perguntei empolgado.

– Eles subiram em três radiopatrulhas e foram para lá.

– Que ótimo. E vai dar certo, porque ontem um dono de boteco me viu lá e vai confirmar sua história – disse eu em voz alta.

Vila Velha me olhou franzindo as sobrancelhas e não hesitou em perguntar:

– E o que tu foi fazer lá ontem?

Fiquei sem reação com a pergunta de Vila Velha.

– Oxe! Faz parte do plano, é para eles terem a certeza de que estou por lá – respondi, tentando enrolar Vila Velha.

– Sei, malandro, sei.

– Obrigado, Vila Velha, te devo demais.

– Deve não, Maestro. Sei que faria por mim.

– Sem dúvida, Maestria, sem dúvida – disse, colocando a mão no ombro de Vila Velha.

Vila Velha se foi e eu passei o dia de espreita na porta do barraco de dona Dionísia, onde almocei e jantei.

Meu plano parecia ter dado certo, pois não vi nem ouvi nada de radiopatrulha por lá.

A noite caiu e me ajeitei com a roupa que usava. Não era fina igual meu outro terno e estava muito longe de ser.

Dei um beijo em dona Dionísia, que me abençoou, e desci o morro como se nada tivesse acontecido, cumprimentando a todos, sendo que alguns nem me respondiam.

Dirigi-me ao bar de Barnabé onde de longe vi Tijolo em sua cadeira de rodas, olhando para dentro para ver o samba.

Mordi os lábios segurando a minha emoção e me aproximei dele, colocando a mão sobre seu chapéu.

– Salve, Maestria – disse.

Tijolo me olhou e sorriu, surpreso e empolgado.

– Salve, Maestro! Não acredito no que vejo. Que faz aqui? Dê-me um abraço.

Abaixei-me para abraçar Tijolo, tomando conta de meu revólver em minha cintura.

– Que saudades de você, Maestro, que saudades.

– E eu de você, Tijolo. Como está tu?

– Vou bem, tu que está magro.

– É o quartel Tijolo – disse-lhe sorrindo e olhando para dentro do bar de Barnabé, que tocava samba.

– E Pescoço, está por aqui?

– Tá aí dentro, mesma cara de sempre.

– Que bom.

– Não vai fazer coisa errada, não, Maestria? – perguntou Tijolo com ar de preocupação.

– Não, Tijolo, não – falar a verdade em meias palavras nunca é errado.

– Está bem, mas me deixa perguntar. Você saiu ou fugiu do quartel?

Sorri para Tijolo e respondi dando as costas:

– As duas coisas, amigo.

A pergunta de Tijolo era a certeza de que o morro não sabia que eu estava livre. Era a deixa para eu dar continuidade ao meu plano.

O samba tocava e já comecei a sambar na porta, indo para o centro do bar como de costume.

Os músicos ao me verem começaram a tocar com forte entusiasmo.

Com passos rapidinhos, eu ia para o centro da roda sambando, sorrindo e me deliciando por estar ali naquele lugar e naquele momento. Aquela sensação explodia dentro de mim e eu não me lembrava mais de meus problemas enquanto sambava sorrindo.

O boteco parou para me ver sambar aos pés dos músicos, que emendavam uma música atrás da outra. Enquanto batia palmas eu sambava, enquanto sambava eu sorria.

Então, ao último toque, a música parou de uma vez e eu entusiasmado disse alto sorrindo:

– Salve, Maestria!

As pessoas aplaudiram com calor e energia que por mim foram sentidos. Senti-me em casa e com verdadeiros amigos, porém me lembrei de que estava ali para me vingar.

Bati a mão na cintura, sentindo meu revólver.

Puxei uma cadeira e nela eu subi. Olhei para o canto e vi Pescoço sentado sozinho com um copo de cerveja na mão.

Nossos olhares se cruzaram e eu sorri para ele, que não esboçou reação alguma.

– Salve, Maestria. Salve, meu povo. Povo que tanto gosta desse meu Rio de Janeiro. Todo mundo aqui sabe que eu estive preso no quartel. Todo mundo sabe que eu fui preso naquela noite em que nosso grande Tainha morreu. Mas todo mundo também sabe que eu não matei ninguém, isso eu sei pelo modo que fui recebido aqui hoje, e isso para mim é mais importante do que qualquer coisa; a polícia já sabe quem é o verdadeiro assassino.

Um murmurinho tomou conta do lugar e olhei para Pescoço, que já estava com a feição diferente da de quando cheguei.

– É, minha gente, é por isso que fui solto hoje. A verdade pode tardar, mas ela sempre dará seu parecer.

– E quem é o assassino da menina Vitória e de sua mãe? – gritou um do fundo para mim.

– É, Maestro, quem é? – gritou outro.

Olhei para Pescoço, que me olhava com ódio no olhar, e olhei para o povo, que me olhava.

– O assassino, que além de assassino é um traidor, pois foi por causa dele que Tainha morreu, é Pescoço.

O murmurinho ficou mais alto e todos olhavam para Pescoço que, assustado, se levantou e disse:

– Eu não, eu não, é mentira.

– Foi tu, Pescoço – gritou um homem para quem Pescoço olhou; assustado, tratou de se defender.

– Não, não. Claro que não. Ele mente – disse apontando para mim.

– Minto, Pescoço? Eu minto? Você matou, você confessou a mim que matou e, em concluiu com o cabo Branco armou para mim. Deixaram lá meu paletó rasgado e por isso fui preso, por sua causa.

– Mentira! É mentira! – gritou Pescoço exaltado.

– É mentira? Então, por que estou aqui? Se fosse mentira a radiopatrulha estaria fervendo nesse morro. Você sabe disso. E você viu alguma por aqui? Alguém viu? – perguntei me virando para o povo que ali em silêncio ficou com a minha pergunta.

– Ninguém viu porque não sou eu o perseguido, mas amanhã eles virão e será atrás de tu. Por isso segue a tua vida e faça o que bem entender, pois eu não o entregarei, pois não sou de sua laia.

Pescoço ficou de baixo me encarando e passando pelas pessoas chegou próximo a mim.

– É mentira! É mentira!

Olhei ainda de cima da cadeira dentro de seus olhos e disse:

– Não é, malandro, não é, você matou Vitória, porque ela desejava a mim e não a você.

Pescoço arregalou os olhos e senti que ele estava fervendo por dentro.

– Ela queria a mim e não você. Ela me dizia que tu era pegajoso e cheirava mal. Dizia-me que tua feiura a assustava e que tu não sabia cortejar uma mulher.

Pescoço começou a bufar com ódio de minhas palavras, pois eu desconfiava de que no fundo ele se sentia assim. Eu de fato estava dentro da mente de Pescoço e resolvi dar o golpe final.

– Ela até duvidava de que de fato tu tivesse estado com outra mulher. Aliás, Pescoço, é o que todo mundo pensa de tu.

Eu, do alto da cadeira, em que estava de pé, vi os olhos de Pescoço esbugalhados e as veias de sua jugular saltarem.

O povo do bar, que escutava, fez um murmurinho como se estivesse rindo, então ele explodiu:

– Cala a boca, maldito! Cala a boca senão o mato! Mato igual matei aquela rapariga – gritou Pescoço sacando sua navalha.

Olhei em seus olhos e um silêncio se fez no bar de Barnabé.

Pescoço olhou em volta e viu que todos ali olhavam para ele.

– Quem quiser me afrontar, me afronte agora! – tornou ele a gritar erguendo sua navalha.

– Fuja, Pescoço, fuja daqui. Sua vida aqui acabou, todos aqui já sabem o que tu fez, agora fuja daqui.

Pescoço olhou para mim com ódio e me disse:

– Você é um maldito. Sua vida é maldita. Por sua causa pessoas morreram. A rapariga morreu, a mãe dela morreu e Tainha, aquele porco, morreu por sua causa.

As palavras de Pescoço mexeram comigo, assim como as minhas mexeram com ele. Meu sangue ferveu e eu fiquei cego de ódio de Pescoço.

Em um rápido impulso, saltei da cadeira em que estava de pé sobre Pescoço, que não esperava essa reação.

Ele foi ao chão comigo por cima dele, e a navalha que ele segurava voou longe.

Comigo sobre ele, levantei-me e puxei de minha cintura nas costas o revólver que eu portava.

Com uma mão eu o segurei pelo colarinho e, com a outra, apontei a arma para seu rosto.

Rangendo os dentes de raiva e com as pessoas em volta, que aos poucos se afastavam, olhando quietas a minha reação, disse a Pescoço:

– Repete, repete seu maldito.

Pescoço, assustado com os olhos arregalados, não dizia nada.

– Agora vou matá-lo e você pagará no inferno tudo o que fez – disse eu, encostando a ponta do revólver em sua testa e o dedo no gatilho.

O tempo parecia parado, eu não prestava atenção nas pessoas em volta que, assustadas, olhavam-me sobre Pescoço a ponto de tirar sua vida.

Era o que tinha planejado, desde o início eu queria matar Pescoço e cabo Branco ao mesmo tempo, mas a situação havia saído do controle com apenas uma frase de Pescoço contra mim. Ele, como malandro, havia entrado em minha mente.

Porém, eu ali, com a arma na cabeça de Pescoço e com as pessoas que nos rodeavam no bar olhando, fui respirando e baixando a tensão de minha mão. Olhava Pescoço mudo e assustado me encarando.

Aos poucos, fui afastando a arma de sua testa e largando o colarinho dele.

– Não, não sou assassino como você. Não sou de sua laia. Não cometerei o erro que você cometeu, tirando uma vida.

Pescoço me olhava ainda assustado e muito mais surpreso com minha ação de poupá-lo.

Já de pé e ele ainda deitado no chão, eu segurando meu revólver já abaixado, disse:

– O morro já sabe o que você fez e o que eu não fiz. Eles ouviram de você, Pescoço, agora acerte sua culpa com os homens e na hora certa acertará com Deus.

Então, eu escutei um estampido, e, em seguida, uma fisgada nas costas. Levei um tranco para a frente, sentindo como se uma faca fosse cravada bem no meio de minhas costas e alguém tivesse me empurrado.

Franzi os olhos estranhando tal sensação e fui me virando.

Ao olhar para trás, vi cabo Branco que apontava o revólver dele em minha direção.

O povo do bar começou a correr para fora e vi a cadeira de rodas de Pescoço tombada, atrás de cabo Branco me olhando e gritando.

– Largue o revólver – escutei um grito ao fundo sem entender quem gritava e o que estava acontecendo.

Olhei para o revólver em minha mão e a abri, fazendo que ele caísse no chão.

Senti um gosto de ferro na minha boca e minhas pernas começaram a tremer.

Não consegui sustentá-las e desabei no chão.

Olhando para o teto do bar de Barnabé, não sabia o que estava acontecendo, mas senti meu corpo ficar gelado e comecei a suar frio e tremer.

Tentava respirar, mas foi ficando difícil e eu tossi com dificuldade, o gosto de sangue ficou mais presente em meu paladar.

Minha boca encheu de sangue e coloquei para fora, escorregando pela minha bochecha o sangue vermelho vivo.

Foi me dando um sono, uma canseira que o teto do bar de Barnabé foi ficando mais escuro e escuro.

Até que não sentia mais meu corpo e dormi um sono profundo.

Capítulo XII

Samba, Cerveja e Lágrimas

– Vamos, está na hora! Escutei uma voz dizer bem próximo ao meu ouvido.

Abri meus olhos, mas logo fechei e a voz insistiu:

– Vamos. Está na hora, terás a eternidade para descansar.

Voltei a abrir meus olhos, só que a canseira era maior e voltei a fechá-los novamente; perguntei a quem sussurrava em meu ouvido:

– Está na hora do quê?

– Do seu cortejo, logo ele passará e não verá.

– Cortejo? – falei sem entender.

– Sim, você é um merecedor de ver, mas será com a sua própria visão.

– Mas me sinto com sono. Meus olhos não conseguem abrir. Meu corpo está tão leve, está tão bom aqui – disse de olhos fechados ainda, quase mergulhando em sono profundo.

Então, mesmo de olhos fechados, uma claridade bateu sobre as minhas pálpebras e fui tomado por um intenso calor, aos poucos fui me revigorando diante daquela luz, abrindo meus olhos.

Olhei para cima e não havia teto, só que o céu era branco.

Estranhei pelo que vi e tentei me situar.

Virei minha cabeça e vi uma imensidade também branca e que não tinha fim.

Olhei para o outro lado, também era uma imensidão que não tinha fim e branca.

Por fim, me sentei no que parecia ser um chão, só que também branco.

Então vi que estava vestindo minha calça branca, usando meus sapatos, só que lustrados e pretos, meu paletó branco, a camisa muito bem passada e também branca.

Eu segurava o chapéu branco com a fita preta, combinando com a gravata preta.

– Oxe, não me lembro de ter vestido a roupa que Dalva havia me dado.

Apoiei-me no chão e forcei para me levantar, sentindo uma dor bem no meio de minhas costas.

Fiz careta de dor, mas me levantei mesmo assim.

Olhei ao redor, segurando o chapéu na mão e nada via.

Tudo era muito branco e iluminado por uma luz branca.

– Mas que lugar é esse?

– Como se sente? – falou alguém comigo, só que dentro da minha cabeça.

– O quê? – falei em voz alta.

– Como você se sente? – tornou a perguntar tal voz.

– Me sinto estranho, leve. Só que algo bateu em minhas costas – respondi olhando ao redor, tentando ver quem falava comigo.

– Que bom. Fico contente. Você está pronto? – perguntou a voz ainda dentro de minha cabeça.

– Pronto para o quê?

– Ora, seu cortejo. Eu lhe disse que estava na hora.

– Cortejo? – perguntei estranhando tal resposta.

– Sim, só que terá que ver com a sua visão.

Fiquei em silêncio sem entender nada e muito menos entender o lugar em que estava, então disse:

– Que lugar é esse? Onde estou?

– Você está onde esteve da última vez. Só que não no mesmo lugar.

Segurando meu chapéu, franzi a testa, tentando entender a resposta que vinha de dentro de minha cabeça.

– Olhe para o chão – ordenou a voz.

Olhei e me vi de pé sobre uma poça de sangue.

Assustei-me e dei um passo para trás.

Olhei para o chão e a poça, agora no chão de terra batida, estava intacta.

Olhei na sola de meus sapatos, no pé direito e no pé esquerdo, e estavam limpos.

Então olhei ao redor, vendo que estava no bar de Barnabé, o qual estava vazio, com cadeiras jogadas ao chão e mesas espalhadas e desarrumadas.

– Que estranho, que bagunça é essa? – perguntei a mim mesmo.

– Você está satisfeito vestindo esta roupa? – perguntou a voz dentro de minha cabeça.

Olhei para baixo e para mim mesmo, vendo os recortes perfeitos e muito bem alinhados e senti certo conforto.

– Sim, estou. É realmente uma bela vestimenta – respondi também olhando para mim mesmo.

– Só que há algo em minhas costas que dói ainda quando me movimento. O que é? Consegue ver? – perguntei à gentil voz incomodado com a dor.

– Não se preocupe. Vai passar depois que for tratado, mas agora vamos ao cortejo.

Lembrei-me, de que havia sido convidado para um cortejo, e vesti meu chapéu branco com a fita preta e o abaixei sobre minha testa.

– Ora, então vamos, Maestria – eu disse à voz dentro de minha cabeça.

– Feche os olhos – falou-me a voz.

Imediatamente, sem questionar, fechei os olhos e eles permaneceram fechados. Senti um suave tranco que se uniu a uma boa sensação muito rapidamente.

– Pode abrir – disse a voz.

Então novamente obedecendo, abri meus olhos e me vi diante do altar do barracão de dona Dionísia. As imagens de São Jorge, Jesus e Nossa Senhora da Conceição estavam nele.

Senti uma forte emoção por estar ali e meus olhos se encheram de lágrimas.

Estendi a mão sobre a imagem de Nossa Senhora da Conceição, que era iluminada por uma vela, tocando a imagem.

– Oh, minha mãezinha Iemanjá, me proteja e me guie – disse em voz alta.

A mesma coisa fiz com a imagem de São Jorge, com a vela acesa na frente dele.

– Oh, São Jorge guerreiro, protetor do meu Rio de Janeiro, lute por mim e me proteja.

Já na imagem de Jesus Cristo, tocando-a, que também estava iluminada por uma vela, fiz o sinal da cruz.

Então percebi que não estava sozinho, mas antes notei o quanto aquele altar de dona Dionísia brilhava.

– Nossa, nunca havia notado o quanto é bonito esse altar.

Olhei para cima, e vi uma luz que descia do teto e iluminava aquele altar por completo.

Então, notando a presença de outras pessoas ali, virei-me e vi muita gente dentro do barracão de dona Dionísia.

Vi a própria dona Dionísia, Tijolo, Donana, Vila Velha, entre outros.

Percebi que Donana estava com o rosto inchado de tanto chorar. Estranhei por que ela estava chorando e franzi meus olhos.

Então olhei para baixo e vi algo que me deixou perplexo de um momento para o outro.

Eu me vi dentro de um caixão, coberto com flores brancas e um chapéu na altura de minhas mãos.

Era eu e estava morto dentro do caixão.

– Oh, meu Deus! Oh, meu Deus! – falei a mim mesmo em voz alta.

– O que é isso? Oh, meu Deus – tornei a perguntar.

– Acalme-se, irmão. Acalme-se – disse a voz dentro da minha cabeça.

– Acalme-se? Estou sonhando? Oh, meu Deus, estou em um sonho e quero acordar.

– Tenha calma – repetiu a voz.

Senti minhas pernas fraquejarem e minha cabeça rodar. Minhas costas voltaram a doer com grande intensidade e me ajoelhei na cabeceira do meu caixão, ficando abaixo dele que estava sobre uma mesa.

– Eu vou desmaiar. Me ajude. Me ajude – disse em voz alta a quem falava comigo.

– Não, não irá desmaiar. Feche seus olhos.

Sem pensar obedeci à voz e fechei meus olhos, sentindo de novo o calor tomar conta de mim e me revigorar instantaneamente.

Eu parei de tremer, minhas costas pararam de doer e a cabeça parou de rodar.

– Acordei – falei a mim mesmo, sorrindo.

Abri os olhos e estava no mesmo lugar, ou seja, abaixo e ao lado da mesa que sustentava o caixão.

Vagarosamente fui levantando e o caixão se abaixando, e vi meu nariz e meu rosto pálidos dentro daquele caixão coberto de flores brancas.

– Não creio – disse em voz alta.

– Meu Deus, meu Deus, o que está acontecendo? – questionei com o desespero tomando conta de mim.

– Acalme-se, irmão, acalme-se – dizia a voz dentro de minha cabeça, enquanto olhava pasmo e de queixo caído eu dentro daquele caixão.

Fui olhando calmamente cada detalhe conforme a voz ia me orientando, e vi o chapéu que eu usava igual ao colocado no caixão sobre as minhas mãos.

Percebi então que usava as mesmas roupas que eu estava vestindo no caixão.

– Meu Deus. Meu Deus – supliquei.

Donana se aproximou de meu corpo ao lado de minha cabeça, ficando de frente para mim, tendo apenas o caixão nos separando.

Ela chorava e as lágrimas dela escorriam pelo seu rosto.

– Donana, Donana – falei sem ser ouvido por ela.

– Ela não o escuta, irmão. Mas você pode escutar o coração dela. Sentir o carinho e o amor que ela guarda por ti. Feche seus olhos – disse a voz dentro da minha cabeça.

Obedeci-lhe e fechei os olhos, percebendo um calor e uma sensação de conforto que eu nunca havia sentido. Logo em minha mente, a imagem de Donana sorrindo apareceu e eu senti muito amor por ela.

– Vá em paz, meu filho, vá em paz. Você jamais será esquecido aqui enquanto eu viver. Chegue lindo ao Reino de Deus. Sambe para Ele como você sambou para nós. Mostra a Ele sua bela roupa e O faça rir – escutei a voz de Donana em minha mente.

Abri os olhos e Donana chorava, fazendo as lágrimas escorrerem pelo seu rosto. Então, as minhas também começaram a rolar pelo meu rosto.

– Estou aqui, Donana, estou aqui – eu dizia chorando bem em sua frente sem ser ouvido.

Olhei ao redor e havia muita gente no barracão de dona Dionísia.

O morro todo se amontoava para ver meu corpo e eu me sentia de uma forma que eu nunca havia sentido, um grande bem-estar.

– Isso, irmão, é porque é muito querido por todos. É o amor que sente em seu mental – disse a voz que escutei, porém não dei atenção.

Então vi dona Dionísia que olhava em minha direção. Ela estava atrás de Donana. Percebi que ela não piscava nem falava nada, apenas me olhava.

Olhei para ela, fixando o meu olhar no olhar dela, e vi uma lágrima escorrer pelo seu rosto.

– Dona Dionísia, estou aqui. Estou aqui – falei na esperança de ser escutado.

Então ela sorriu para mim e disse sem tirar os olhos de mim:

– Meninos, eu quero os atabaques tocando agora em homenagem ao Maestro. Quero um samba bem tocado.

Fiquei olhando para ela enquanto os meninos iam para trás dos tambores.

Olhei ao redor e tinha uma grande quantidade de pessoas ali em silêncio; e com a porta do barracão aberta, havia pessoas aglomeradas até lá fora.

Logo os meninos começaram a bater nos tambores e senti uma sensação de bem-estar.

Uma alegria inexplicável começou a tomar conta de mim e era como se eu estivesse ali vivo, vendo o que acontecia.

– Essa é a energia, irmão. Sinta essa energia que é muito forte e vibrante – disse a voz dentro de minha cabeça, porém novamente eu não assimilava tal mensagem.

Os tambores tocavam, e eu olhava admirado e feliz me esquecendo de minha situação. O povo, que antes estava quieto, começou a bater palmas e Vila Velha veio lá de trás se infiltrando entre os presentes, che-

gando ao pé dos tambores, veio em minha direção, ou melhor, em direção ao caixão, bradando com os olhos vermelhos e de braços abertos:
– Salve, Maestria!
Logo voltou ao pé dos tambores e passou a sambar, colocando um sorriso em meu rosto.

Então os músicos, portando cavaquinho, tamborim e pandeiro, pediram passagem aos presentes, que fizeram um corredor, e entraram tocando seus instrumentos, aproximando-se dos dois tambores.

O povo batia palmas e acompanhava os músicos que passaram a cantar ao lado do caixão.

A energia que eu sentia, que eu não sabia que existia ou do que se tratava, era forte e maravilhosa.

Todas aquelas pessoas, tristes com minha morte, passaram para o estado de euforia diante de meu caixão.

Dona Dionísia abraçava Donana por trás e olhava para mim, mas nada dizia.

– É para você, Pedro Cruz, isso tudo é para você. Você era alegria e respeitava todos nesse morro. Agora eles te devolvem seu respeito – eu escutava a voz de Donana dentro de minha cabeça, enquanto ela olhava e passava a mão em meu rosto dentro do caixão.

Logo vi se aproximar Tijolo que se colocou ao lado de Donana, colocando a mão em meu caixão.

Tijolo chorava copiosamente e eu não ouvia nada dele, ao contrário de Donana.

Então apareceu Barnabé no meio do samba e gritou:
– Cerveja e cachaça para todo mundo lá fora!
Um grito de alegria foi dado por todos lá dentro, que saíram e voltaram com um copo de cerveja ou cachaça na mão.

A alegria tomou conta do barracão de dona Dionísia. A festa estava feita.

– Não é possível, será sonho isso? Velório com samba e cerveja? Devo estar em um sonho – falei para mim mesmo.

– Não, irmão, é a sua realidade onde você desperta – disse a voz em minha cabeça.

– Desperto? Mas quem é você? Por que fala comigo? Eu nunca tive irmão – disse em voz alta.

– Em breve terá suas respostas. Agora é hora de ver o quanto foi amado e adorado – respondeu a voz dentro de mim.

Estava tudo bastante confuso, mas me sentia muito bem ali naquele lugar, onde o samba e a cerveja estavam presentes com as pessoas do morro.

Palavras, como amigo, sinceridade, lealdade, alegria, saudades e maestria eram ditas por eles e por elas, sendo que alguns já tomados pelo álcool da cerveja se exaltavam e choravam dizendo que me amavam.

Eu achava graça em todos eles, sentindo alegria e gratidão em todos que se aproximavam e me saudavam.

Então os tambores calaram, o samba cessou e dona Dionísia falou:

– Ele vai descer o morro de tampa aberta. Sim, será de tampa aberta para que o morro o veja pela última vez na carne. Assim será.

O povo de dentro do barracão soltou um grito de alegria, como se concordasse com dona Dionísia.

Então algumas pessoas pegaram meu caixão e colocaram nos ombros, começando a andar. Uma pessoa pegou a tampa de madeira e foi logo atrás.

Os músicos seguiram o cortejo fúnebre, tocando seus instrumentos e cantando sambas, e as pessoas restantes seguiram cantando e bebendo.

Fiquei extasiado e emocionado, e era uma coisa que eu nunca imaginara que poderia acontecer.

Eu ver o meu próprio velório e ele ser temperado com samba, cerveja e cachaça!

As pessoas estavam tristes, porém beberam, sambaram e ficaram alegres apenas para me homenagear.

Lembrei-me de que só malandro de consideração descia o morro quando morto sem a tampa do caixão.

Isso me encheu de alegria, encheu-me de orgulho ao escutar dona Dionísia falando. Ainda mais descer o morro com os músicos tocando.

Fiquei ali parado quando o barracão já estava vazio, olhando para a porta, assimilando os acontecimentos.

– Vá, siga o cortejo! – ordenou-me a voz em minha cabeça.

Mais que rápido e sem pensar, fui atrás do cortejo fúnebre e passei por todos que cantavam, chegando ao lado do caixão que estava suspenso nos ombros daqueles que o carregavam.

Olhei em direção ao caixão e não vi nada, pois estava mais alto que eu.

Donana andava do lado do caixão amparada por dona Dionísia, e Vila Velha empurrava Tijolo em sua cadeira.

Olhei para trás e Barnabé vinha cantando com o copo de cachaça na mão junto aos músicos que entoavam o samba em alto tom.

O povo, em seus barracos, saiu às ruas de terra e olhou admirado o cortejo passar com samba, alegria e caixão de tampa aberta.

Isso me deixava muito orgulhoso, mesmo que tudo aquilo parecesse um sonho maluco.

Chegando ao pé do morro, o cortejo fez a curva e vi um homem encostado no poste, vestindo um belo traje de terno branco, usando uma gravata vermelha com lenço vermelho. Seu chapéu era branco e seus sapatos também, brancos.

Ele era de cor morena, e não tinha feição de homem velho nem de homem novo.

Olhava o cortejo passar, mas quando notei sua bela roupa, ele passou a olhar para mim.

Fiquei olhando de volta para ele, que não piscava nem o olho sequer. Parei e o cortejo foi.

Ficamos nos olhando por um instante e a voz dentro de minha cabeça ordenou:

– Vá em frente.

Olhando para ele e ele olhando para mim, segui as ordens da voz e comecei a andar sem tirar os olhos dele, que permanecia encostado no poste e me vendo ficar distante.

Voltei ao lado do caixão e o cortejo seguiu na mesma entoada até chegar à porta do cemitério, que era sim um pouco distante.

Quando cheguei à porta e o cortejo entrou, senti uma sensação em mim que não sabia o que era, então por ali na porta do cemitério eu parei.

– É um campo de força sagrado. Uma energia muito forte da evolução. Você está diante da porteira de Obaluaiê. Faça a passagem e não olhe para os lados. Estou com você – disse a voz dentro de minha cabeça e eu só entendi a última frase do que ela disse.

Passei a porta do cemitério e uma força fez que eu me sentisse vivo; as dores que eu sentia nas costas imediatamente cessaram.

Depois de dar o passo até estranhei e parei mexendo os meus ombros, circulando para ver se tinham passado mesmo.

– Nossa, a dor desapareceu, não a sinto mais.

– Sim, a cura do espírito nas forças de Obaluaiê é certa. Siga em frente.

Não entendi o que seria cura do espírito e muito menos a palavra Obaluaiê, mas fui atrás do cortejo dentro do cemitério. Mesmo lá dentro cantavam e batiam palmas acompanhando os músicos.

Chegando a uma cova já aberta, colocaram o caixão no chão ao lado: Donana se ajoelhou ao lado dele e escutei a sua voz:

– Vá em paz, meu filho. Meu coração está com você em minhas preces – deu um beijo em meu rosto.

Vi Tijolo e Vila Velha chorando ao lado de Donana e dona Dionísia, que olhava para mim.

– Menino, não tenha medo. Vá, acompanhe o homem que veste branco, porque ele o guiará para seu despertar.

Escutei a voz em minha cabeça e percebi ser de dona Dionísia, que olhava para mim.

Olhei para ela e me deu um aperto em meu coração. Comecei a chorar e disse em voz baixa:

– Eu estou morto? Eu estou morto mesmo?

– Não, menino, não está morto. Você agora pertence ao Reino dos Orixás. Encontre o seu caminho e não tenha medo. O homem de branco o guiará.

– Homem de branco? Que homem é esse? – perguntei em voz alta, olhando ao redor, não vendo ninguém de branco.

A tampa foi colocada e o caixão, com a ajuda de dois coveiros, foi colocado dentro da cova.

O samba parou de tocar e todos ficaram em volta da cova.

Percebi então uma cova bem ao lado da que haviam me colocado, uma cova que tinha pouca grama.

Estranhei e me lembrei de Tainha.

– Será Tainha? – perguntei a mim mesmo, olhando para a cova.

– Sim, é a cova de mais um irmão – respondeu a voz dentro de minha cabeça.

Aquilo me deixou mais calmo, pois estava ao lado de Tainha e isso me deu certa segurança.

Com a terra cobrindo meu caixão, a roda começou a rezar um *Pai-Nosso*.

Olhei ao redor e uma paz inexplicável foi tomando conta de mim.

Um êxtase maravilhoso me fez fechar os olhos e sentir tal vibração que eu não conhecia.

Era como se eu flutuasse diante das pessoas que ali rezavam.

– Está pronto? Vamos? escutei a voz dentro de minha cabeça perguntar.

Abri meus olhos e vi o homem de terno branco, chapéu e sapatos brancos, lenço e gravata vermelha ao meu lado, sorrindo para mim com ar paternal, e aquilo tornou meu bem-estar ainda maior.

Acenei com a cabeça, pois eu não conseguia nem falar de tão boa que era a sensação que eu sentia.

Ele sorriu ainda mais, exibindo seus dentes brancos e colocou a mão em minha testa.

Imediatamente caí em sono profundo, indo para os braços de Deus.

Capítulo XIII

Acorda, Malandro!

Um sono profundo. Um sono tão profundo que ao abrir meus olhos logo veio à minha mente a lembrança do louco sonho que eu havia passado.

– Que sonho mais maluco – falei baixo para mim mesmo.

Olhei ao redor e vi que estava em um quarto pequeno com as paredes beges bem claras, e a porta que estava fechada era branca. Nela havia uma abertura com vidro que formava um quadrado, para que quem estivesse fora pudesse ver dentro e quem estivesse dentro pudesse ver fora.

Ao lado de minha cama havia uma jarra com água e um copo. Vendo a jarra com água me deu sede, e me sentei na cama que era macia e com lençóis muito brancos.

Ainda sentado, peguei a jarra com água e coloquei no copo, pondo a jarra de volta no lugar, levei o copo à boca.

Bebi aquela água, que me parecia muito fresca, com gosto.

Olhei para os lençóis e, com a outra mão passei a mão, neles, sentindo sua maciez.

Veio em minha mente a lembrança do lençol da cama de Dalva e, depois, a lembrança da própria Dalva.

– Das Europas – disse baixinho para mim mesmo.

Então olhei para minhas pernas e via que vestia uma calça branca igual ao lençol e uma bata também branca, com uma leve abertura abaixo do meu pescoço.

– Que roupa é essa? – perguntei a mim mesmo.

Olhei ao redor do pequeno ambiente em que estava e tornei a perguntar em voz alta a mim mesmo:

– Onde estou? Que lugar é esse?

Voltei a olhar para a porta e levei um susto ao ver um homem moreno que sorria mostrando seus dentes brancos, usando um chapéu também branco, olhando para mim.

Então a porta se abriu e vi que ele vestia um terno branco, camisa branca, calça e sapatos também brancos. A única coisa que destacava era uma gravata de cor vermelha viva, além de um lenço na sua lapela da mesma cor.

Olhei para ele cismado com sua vestimenta, estranhando sua presença ali.

– Salve, irmão! – disse-me o homem bem arrumado.

– O senhor é doutor? – perguntei desconfiado ao homem que gentilmente continuava com seu sorriso largo em seu rosto.

– Tenho muitos renomes e doutor é um deles, mas pode me chamar de José ou, se assim preferir, de Zé, somente Zé.

– Zé? – voltei a perguntar ainda ressabiado.

– Sim, Pedro, Zé, simples assim, Zé.

– E como sabe meu nome? Eu te conheço? Que lugar é esse? Como vim parar aqui? Estou preso? Eu...

– Acalme-se, Pedro. Acalme-se. Todas as suas perguntas serão respondidas, mas precisa se acalmar – disse-me o tal do Zé, interrompendo-me.

Olhei para ele dentro de seus olhos negros, entortei a cabeça e voltei a perguntar:

– Eu já o vi antes? O senhor não me parece estranho.

– Sim, já nos vimos – respondeu-me ainda sorrindo de modo agradável.

– Onde? – perguntei-lhe curioso.

– Vou te dizer, mas me diga, como se sente?

Fiquei em silêncio por um instante, prestando atenção no meu corpo para ver se sentia algum desconforto e então respondi:

– Sinto-me bem, muito bem.

– Não sente sono nem cansaço? – perguntou-me Zé, ficando com o semblante mais sério com a sua pergunta.

– Não, não sinto, estou bem – respondi de forma imediata.
– Entendo. Posso me sentar ao seu lado? – perguntou-me.
– Sim, pode.

Ele então tirou seu chapéu branco com a fita vermelha, revelando seu cabelo curto e baixo, e se sentou ao meu lado.

– Feche seus olhos, Pedro – ordenou-me.

Sem pestanejar, fechei meus olhos e senti que ele colocava a palma de sua mão nas minhas costas.

Senti um calor em minhas costas que logo tomou conta de meu corpo inteiro, chegando até meus pés descalços.

Uma grande sensação de bem-estar, maior ainda do que eu já estava sentindo, tomou conta de mim.

Quando ele tirou a mão de minhas costas, abri meus olhos e olhei para ele ao meu lado que exibia um largo sorriso.

– Como se sente? – perguntou-me.
– Bem, muito bem. O que fez comigo?
– Eu lhe doei energia.
– Energia? – perguntei espontaneamente sem saber do que se tratava.
– Sim, minha força. O que trago em meu espírito eu dei ao seu espírito, ou seja, a você, meu jovem amigo.

A resposta de José embaralhou meus pensamentos. Por um instante, olhando para ele, fiquei pensando e tentando entender o que ele acabara de falar.

Balancei a cabeça de forma negativa, pois meus pensamentos não faziam sentido.

– Qual a última lembrança que você tem? – perguntou José, interrompendo o silêncio e meus pensamentos que tentavam se encontrar.

Olhei para ele e comecei a me lembrar do sonho que havia tido, no qual eu estava morto, e de meu velório.

– Lembro-me de meu sonho, que parece que aconteceu de tão real – respondi confuso.

– E do que se lembra?

– Lembro que me vi dentro de um caixão. Só que em vez de velório era festa. O povo bebia e bebia, eu me via morto, depois todos saíram carregando o caixão morro abaixo, com o caixão sem tampa – parei de falar, olhando para José que me perguntou:

– E?

– Você estava no sonho. Vi você encostado no poste e eu até achei estranho, tão bem-vestido, mas você estava lá.

– Sim, eu de fato estava – respondeu-me ele sorrindo.

Parei de falar, olhando novamente para José, tentando entender e ele continuou:

– E depois?

– Vi o túmulo de Tainha que estava ao lado do meu.

– E depois? – continuou a perguntar.

– Escutei dona Dionísia me dizer para acompanhar o homem de branco que ele me guiaria.

– Guiaria para onde?

Fiquei em silêncio, juntando os pensamentos, fazendo tudo dar sentido e percebi que eu não estava sonhando. Respondi então com a palavra que ele esperava:

– Para meu despertar.

– Sim, seu despertar – disse José a mim, completando meu raciocínio.

– Estou morto? De fato estou morto?

– Parece morto? – perguntou José sorrindo.

– Não, não – respondi com meus olhos se enchendo de água e me assustando.

– Realmente, Pedro. Você não está morto. Quem morreu foi seu corpo, seu físico, sua matéria. Você apenas se desprendeu dela e agora você é um espírito de luz.

– Espírito de luz? – perguntei surpreso.

– Sim, de luz, e que cumpriu sua missão na Terra, até ser interrompido da forma que tinha que ser.

Então me veio à mente a briga com Pescoço dentro do bar de Barnabé, e cabo Branco gritando e apontando sua arma para mim.

– Fui morto. Fui morto por cabo Branco – disse abismado.

– Sua matéria ficou impossibilitada de continuar no plano terreno. Por isso você está aqui agora.

Olhei para baixo, minhas pernas, minhas mãos e depois olhei para José e falei:

— Mas como eu disse, não pareço morto, até água bebi — afirmei, apontando para a jarra de água sobre a pequena mesa.

— Sim, faz parte de seu despertar e para seu conforto, mas ela não mata sua sede, porque você não tem mais sede. Ela apenas lhe dá a sensação de bem-estar. Não se sentiu bem quando a supostamente bebeu?

— Sim, de fato.

— Pois bem, mas logo não precisará da suposta água, pois, como eu disse, seu corpo físico não existe mais, ficou no plano físico e agora você está no plano espiritual ou plano astral, como eu gosto de dizer.

— Plano astral? — perguntei frisando meus olhos.

— Sim, no plano terreno em que estava, tudo era matéria que você pegava e sentia com o tato do toque, mas aqui é diferente. Você não pega, você sente, apenas sente. Assim como a água que supostamente bebeu, somente sentiu.

As respostas de Zé começavam a fazer sentido e fui entendendo a minha situação.

— Mas você aprenderá mais sobre o plano astral para onde acabou de voltar — concluiu ele.

— Voltar? — perguntei de forma espontânea.

— Sim, voltar. Antes de nascer no plano terreno, você partiu daqui de onde saiu e abandonou tudo para evoluir na Terra, na qual aprendeu e fez novas escolhas, e praticou muitos resgates para que pudesse evoluir de forma plena.

Frisei meu rosto e balancei a cabeça negativamente olhando para José, que percebeu e sorriu me dizendo:

— Desculpe, sei que não entende nada, mas aos poucos suas lembranças voltarão e você entenderá.

— Tenho lembranças?

— Sim, estão adormecidas em seu subconsciente e de forma gradativa, ou seja, aos poucos, você se lembrará. O despertar pleno é o melhor caminho como vem ocorrendo desde que desencarnou.

— Então se estou despertado, por que tudo ainda parece estranho? Sinto como se estivesse sonhando.

Zé sorriu para mim de forma afetuosa e me respondeu:

— Você ainda está sendo desperto. Tudo começou quando você pôde acompanhar seu cortejo. O fato de você ver sua matéria já sem a vida é um despertar, e isso o ajuda nos esclarecimentos que está tendo nesse momento, agora. Se sente que está sonhando é porque está tudo mais leve e prazeroso.

– Como um sonho – eu disse, interrompendo e antecipando a fala dele.

– Sim, como um sonho. Só que agora esta é sua realidade.

– Entendo, acho que entendo, para melhor dizer.

– Logo você encontrará a sua essência dentro de si. As suas perguntas ficarão mais complexas e os conflitos mais presentes dentro de você. Mas eu estarei aqui para ajudá-lo – dissertou Zé.

– E por que me ajuda? – perguntei curioso.

– Porque esse é o meu trabalho ou apenas um dos que faço.

Balancei a cabeça positivamente e logo me veio à lembrança de Tainha e a emoção tomou conta de mim.

– Se estou morto, onde está Tainha? Onde está meu pai e minha mãe? E Donana e dona Dionísia? E Tijolo? – perguntei emocionado para Zé que já me passava confiança.

– Aqueles que desencarnaram na Terra em algum momento o encontrarão, pois estão pelo astral nos seus lugares de merecimento. Já os que continuam na Terra lá ficarão até o momento que assim for permitido, diante daquilo que cada um planejou para sua evolução.

– E posso vê-los? – perguntei com os olhos marejados.

– Quando estiver com mais consciência e pleno, você os verá. Assim como você sente a falta deles, eles sentem a sua, e o alimentam com suas orações e vibrações positivas. Está bem?

Olhei para José que me olhava de forma amorosa e respondi dando um sorriso sem graça:

– Sim, José, está bem.

– Logo estará realmente bem. Você se descobrirá e sua natural e irradiante alegria retornará. Acredite.

– Está certo – respondi de modo curto.

Então José se levantou, pegou seu chapéu branco com a fita vermelha e o levou à cabeça.

Fiquei admirando seu lindo e impecável terno branco, com sua gravata e lapela vermelha enquanto ele colocava seu chapéu.

– Está disposto para dar uma volta? – perguntou-me ele.

Olhei para seu rosto e animado respondi:

– Claro – já me levantando, ficando de pé e sentindo uma tontura, então voltei a sentar na cama.

– Calma Pedro, calma. Está há um bom tempo em repouso. Deve ir devagar – disse José me alertando, chamando minha atenção.

– Bom tempo? Quanto eu dormi? – perguntei curioso.

– Aqui o tempo não existe, falo assim, dessa forma, para que você entenda que está em repouso por um longo período. Faz sim um longo tempo, necessário para que você se cure e seu espírito se restabeleça no plano astral. É como um renascimento de suas faculdades mentais, e isso implica a recuperação natural de seu equilíbrio, já que as condições de gravidade, peso e ar aqui são ausentes.

Novamente fiquei olhando para José sem entender nada do que ele falava e disse espontaneamente:

– Oh, Maestria, então é para eu levantar devagarzinho, certo?

José deu um largo sorriso, oferecendo-me sua mão, respondeu-me:

– Sim, Maestria, devagarzinho.

Peguei em sua mão e me ergui, ficando de pé, e tudo aos poucos parou de rodar.

Quando me firmei, dei o primeiro passo em direção a uma sandália que estava ao lado da cama e a calcei.

– Consegue ir só? – perguntou José.

– Sim, estou bem.

Ele então abriu a porta, passando por ela.

Eu devagar o seguia, saindo pela porta, olhando para os dois lados, vendo José de pé e apoiado em uma bengala branca, de um lado, e de outro lado do corredor, não tão grande de paredes brancas, portas brancas fechadas iguais à minha.

– Venha, me siga – ordenou José.

Ele se virou e andava elegantemente, batendo a ponta de sua bengala no chão, antecipando seu passo.

Aquilo me chamou a atenção, pois achei elegante demais e bonito de se ver.

No final do corredor, passando pelas portas fechadas, viramos e havia mais portas fechadas, até que chegamos a uma porta maior e José a empurrou, passamos por ela e um belo jardim se apresentou.

Era dia e havia sol que iluminava o belo jardim com flores coloridas, cercado de grama verde e com caminhos para andar pelo jardim.

Havia muitas pessoas que vestiam roupa igual a minha, algumas caminhavam sozinhas e outras acompanhadas, e se misturavam entre homens e mulheres.

Havia crianças correndo pelo jardim, o que chamou a minha atenção.

– Encantadas. São crianças encantadas – disse-me José.

Sem perceber que ele entendia o que eu pensava, perguntei:

– Crianças encantadas?

– Sim, pode chamá-las de erês, que vêm aqui e seu trabalho neste momento é ter o relacionamento com recém-desencarnados. Estão tendo o preparo para uma primeira encarnação e elas vêm aqui para se afinizar com a energia de recém-desencarnados. Já que neste momento vocês carregam ainda a energia dos encarnados, em troca as crianças trazem o conforto e a alegria para vocês. Crianças encantadas são pureza e amor puro.

Por mais que José tentasse me explicar com clareza, era difícil eu entender o que ele dizia. Então não lhe disse nada, começamos a andar por um dos caminhos e nos misturamos entre todos naquele lindo e imenso jardim.

Olhava as flores e tocava nelas, sentindo o calor do sol, sentia o cheiro do jardim que era agradável e lembrava a Terra. Era muito real.

– Não é possível, tudo parece muito real. Sinto cheiro, sinto o calor, vejo pessoas e crianças. Como pode isso?

– É o plano astral em que estamos. Aqui nesta dimensão é tudo muito parecido com o plano terreno para que o despertar dos que aqui chegam seja o mais pleno possível. Com o tempo você se desapegará do calor, do cheiro, do toque e de tudo que tenha forma natural no plano terreno. Você, como eu disse, não tem mais corpo, só tem sua consciência.

Escutando as palavras de Zé, tentava entender o que estava acontecendo e, ao mesmo tempo, estava maravilhado com o lugar por onde estava passeando e passando entre pessoas que eu nunca havia visto. Então perguntei de forma espontânea:

– Se estou morto, então onde está Deus?

Zé, que caminhava jogando a ponta de sua bengala para a frente, parou e, dois passos após, eu parei, olhando para ele.

Ele sorriu e me disse:

– Deus está em tudo. Está aqui neste plano, está no plano terreno, está nos planos inferiores e nos planos superiores, mas Ele está principalmente dentro de você. Ele está nos seus atos e no seu modo de pensar. Ele está nas suas ações e reações. Ele está em você, pois você é criação Dele. Portanto, Pedro, quando quiser falar com Deus, fale com você mesmo e O sinta dentro de si, pois, quando você vibra, Ele se manifesta por você.

As palavras belas, que saíram do coração de Zé, tocaram-me e me fizeram sentir amado por Deus.

– Entendo, Zé, e obrigado por me dizer isso.

– Não há de que, malandro – respondeu-me sorrindo, voltando a caminhar.

– Eu era malandro, agora não sou, nem sei o que sou – respondi naturalmente.

– Uma vez malandro, sempre malandro, está na sua essência.

Fiquei olhando para ele que passava por mim sem me olhar e eu, ainda parado, perguntei-lhe:

– Como assim, minha essência?

Zé parou de caminhar, virou-se para mim e colocou a ponta da bengala em meu peito.

– Essa que sai daqui, essa essência que pulsa e é resultado de sua evolução espiritual. Essa essência que é o resultado da força do Orixá no momento de sua criação ou, se preferir, seu nascimento no mundo espiritual. Você encarnou com muitos propósitos, porém, o malandro, que se entende pelo ser astuto, que pensa rápido, que tem o jogo de cintura, a boa palavra, mas com alegria para que possa chegar ao íntimo do necessitado e ajudá-lo em sua evolução, está em você, na essência de sua criação. Como eu disse, uma vez malandro, sempre malandro.

Fui de fato entendendo as sábias palavras de Zé, então tudo começava a fazer sentido. Era um mundo novo para mim, onde eu começava a me encaixar nesse novo mundo, isso foi despertando dentro de mim de forma voraz.

– E o que eu farei agora? Qual minha função? Como você disse, você trabalha, tem uma função. Farei a mesma coisa que você?

– Calma, tenha calma, você fará o que tem para fazer. Você descobrirá à medida que for despertando e logo, sem perceber, trabalhará de forma evolutiva e para o amor. Porém, primeiro precisa estar ambientado e recuperado.

Dei dois passos e voltei a caminhar ao lado de Zé.

– Tem razão, sinto-me cansado ainda.

– É normal que se sinta. Venha, vou recolhê-lo. Quando estiver mais forte visitaremos um lugar, mas antes precisa de fato sentir que não está em um sonho, então acorda, malandro – disse Zé sorrindo, olhando para mim, que sorri de volta.

Capítulo XIV

A Arte do Livre-arbítrio

Abri meus olhos e estava dentro do quarto com paredes brancas novamente.

Olhei para o lado e a jarra de água estava lá se oferecendo para mim, mas não senti a necessidade ou vontade de tomá-la.

Dei-me um impulso e me sentei na cama, sentindo uma grande disposição.

– Sinto-me bem, muito bem, – disse em voz baixa a mim mesmo.

– Que bom que se sente – disse-me Zé, que do nada apareceu ao meu lado, assustando-me.

– Nossa Maestria, assim você me mata de susto – disse sorrindo, colocando a mão em meu próprio peito.

Ele, muitíssimo bem-vestido como sempre com seu terno, chapéu e sapato branco, soltou uma sonora gargalhada e respondeu:

– Morrer você não morre, mas que é engraçada sua naturalidade, é.

Sorri de volta para ele e, curioso, perguntei, notando sua chegada do nada:

– Como você apareceu aí? Por que não usou a porta?

– Como sabemos, a nossa energia é de sintonia, podemos transitar em qualquer dimensão. Em algumas, usamos a porta em sinal de respeito com o anfitrião, mas como o conheço e você me conhece não há portas que nos divida, certo?

– Certo – respondi sorrindo ao simpático Zé.

– Vamos? Está pronto para deixar esta dimensão de recuperação? – perguntou Zé batendo a ponta de sua bengala no chão.

– Sim, sinto-me bem, sinto-me curioso também – respondi, levantando-me mais do que depressa.

– Não com essas roupas – disse Zé, aproximando-se de mim.

Olhei para o meu corpo, e vi a calça e a bata branca que usava desde que ali havia acordado.

– Feche os olhos – ordenou-me Zé.

Obedeci-lhe, fechando meus olhos e ele novamente ordenou:

– Abra-os!

Ao abrir, olhei para o que seria meu corpo e me vi usando uma calça, uma camisa e sapatos, todos brancos.

– Nada mal – disse.

– Por ora será apresentado dessa forma e depois poderá ter a roupa que quiser, de acordo com suas escolhas.

– Poderei escolher a roupa que quiser? – perguntei surpreso.

– Sim, porém, não será pela vaidade terrena, mas, pela coerência espiritual que você carrega e logo descobrirá. Tudo, a partir de agora, se trata de evolução – respondeu-me Zé seriamente.

– Está certo.

– Vamos? Quero que conheça alguém? – convidou-me Zé.

– Então vamos – respondi, direcionando-me para a porta.

Olhei para Zé que ficou ali parado segurando sua bengala, apoiando-se nela com as duas mãos e me falou sorrindo:

– Como eu lhe disse, portas não existem onde nossa energia tem sintonia.

Olhei para ele que caminhou até onde eu estava e pegou em meu braço, dizendo:

– Feche os olhos apenas. Deixe que eu o conduza.

Fechei os olhos obedecendo-lhe ficando ansioso. Senti um frio na barriga e um leve tranco nas pernas, escutando novamente a voz de Zé.

– Pode abrir.

Ao abrir, me vi em um campo sem fim, cheio de flores coloridas. Um campo lindo para o qual olhei boquiaberto, tanto pela beleza do campo com pequenas flores coloridas, quanto pelo fato de eu estar no quarto e, num piscar de olhos, me encontrar naquele esplêndido campo de flores.

– Como pode? Tão rápido! Que lugar lindo! Que cheiro agradável! E é lindo demais aqui.

Zé, do meu lado, olhava-me sorrindo, deixando que eu degustasse aquele momento. Depois que eu parei de olhar de forma abismada, ele interveio e me disse, esclarecendo-me:

– Como eu te disse, não há matéria aqui neste plano, é consciência, mente e, por ser a mente, podemos transitar sem a necessidade de locomover junto o peso da matéria ou, se preferir, o peso do corpo que você usava no plano terreno. Aqui no plano astral, onde não há matéria, basta pensar e querer ir que você vai. Porém, como eu também falei, sua energia e a energia do lugar têm que estar em sintonia.

– Como assim, em sintonia? – perguntei preocupado em querer saber.

– Melhor aprender na prática, mas não agora. Venha – disse Zé me dando as costas, caminhando entre as flores, que ficavam na altura de seus joelhos.

Dei dois passos rápidos para acompanhá-lo e vi que ele caminhava em direção a uma choupana de palha não muito distante.

– É para lá que iremos? perguntei apontando, já que não havia mais nada ao redor, a não ser flores coloridas.

– Sim, isso mesmo.

– E por que não brotamos lá perto e sim longe? – perguntei espontaneamente.

– Brotamos? Tá aí, gostei do termo. Mas "brotamos" mais longe para que você pudesse contemplar o campo de flores. Você não gostou? – perguntou Zé sorrindo.

– Sim, muito, adorei.

– Aqui não há a ânsia da necessidade, e isso que você carrega é resquício da matéria que aos poucos vai se perder. Aqui, diferentemente da Terra, sentimos a presença do Criador de forma constante. Já na Terra, o encarnado dá valor a outras coisas e acaba se esquecendo das criações Divinas que estão em todos os lugares e ao seu redor.

Fui escutando as palavras de José e fazia sentido o que ele me dizia. A única coisa que eu contemplava quando encarnado era o mar de Iemanjá. Já com as outras criações Divinas, pouco me importava. Via aquele campo de flores pequenas e coloridas, ficando a cada passo mais maravilhado.

Até que chegamos à pequena choupana feita de palha e Zé chegou perto dizendo:

– Salve!

A porta se abriu e um homem velho apareceu, vestindo uma roupa, que era uma calça e uma camisa beges. Ele tinha cor negra, e velho de barba e cabelos bem brancos.

Devagarzinho e quase encurvado ele saiu pela porta, respondendo:

– Salve, Mestre Zé.

– Salve, seu Nego – tornou a saudar Zé.

– Mestre Zé – pensei comigo, olhando para Zé que sorria para o velho.

– Sim, Mestre Zé, ou, se preferir, Mestre dos Mestres – disse o senhor se sentando em um banco ao lado da porta, que acabara de colocar ali.

Ele chamou minha atenção por responder à minha pergunta que eu havia apenas pensado.

Olhei para ele surpreso e ele apenas sorriu, mostrando os dentes amarelos entre a barba e o bigode branco.

– Sim, filho, é possível escutar o que pensa, logo vai conseguir dominar seu mental e ninguém mais o ouvirá.

Sem conseguir responder diante daquela façanha, Zé interveio entre nós.

– Nego, esse é o recém-desencarnado que venho orientando. Queria que o conhecesse antes de ele entrar para a linha.

O velho negro me fitou com os olhos de cima a baixo, sentado em seu banco, e abriu um largo sorriso.

– Não tem, meu filho? – perguntou-me olhando em minha direção.

– Tenho?

O velho negro sorriu para mim de forma muito simpática e respondeu:

– Sim, tem sim, seu sentimento de amor para ajudar seu próximo está dentro de você, porém, pode-se dizer o mesmo do perdão?

Estranhei tal pergunta do velho e frisei meus olhos.

– Perdão? Não entendi senhor...

– Pai João de Angola.

– Pai João de Angola? – perguntei curioso.

– Sim, filho, assim pode me chamar, se desejar.
– Está bem, Pai João de Angola. Mas o que quis dizer com o perdão?
– O perdoar é um ato de se livrar de quaisquer amarras do passado. O ato de perdoar faz com que a evolução se faça presente para que, assim, os caminhos dos próximos passos se apresentem de forma segura e ordenada. É muito complicado seguir em frente carregando alguma mágoa ou sabendo que alguém sofreu por sua causa. Por isso, é importante saber se temos a plena capacidade de praticar o perdão com a consciência e o coração.

As palavras de Pai João de Angola foram me remetendo às lembranças do morro, do quartel e das pessoas ao meu redor.

Senti minhas pernas tremerem e vi Zé se aproximar de mim, mas não me tocou.

Então, ajoelhei na grama verde que rodeava a choupana de Pai João de Angola e comecei a pensar em cabo Branco e Pescoço.

Senti uma sensação de raiva dentro de mim, lembrando o que eles fizeram com Tainha e depois comigo.

Olhei para Pai João sem levantar a cabeça e ele me olhava de volta com o semblante sério.

– Por quê? Por que me fez pensar nisso agora?
– Porque, filho, é necessário, mas está seguro aqui e seu ódio não será usado por mal-intencionados. Pelo contrário, aqui vamos protegê-lo e ajudá-lo a decantar essa dor que está aí no fundo.

Fechei os olhos e me lembrei da noite em que Tainha foi morto. Depois me lembrei, com todos os detalhes, do meu encontro com Pescoço. Eu apontando uma arma para ele e sua cara de pavor.

Senti a agulhada no meio de minhas costa, era como se cabo Branco estivesse me acertando novamente com a bala de seu revólver.

Foi assim, assim que morri, então me lembro ainda de olhar para ele antes de dormir.

– Sim, filho, foi assim que sua jornada terrena terminou – disse o nego velho.

Percebendo sua intenção diante das suas primeiras palavras, perguntei diretamente:

– E você quer que eu os perdoe?

– Eu não quero nada, quem tem que querer é você. Está dentro de você essa decisão – respondeu Pai João de Angola.

Olhei para Zé que, de pé, me olhava e não hesitei em perguntar:

– Por que me trouxe aqui? Para que eu sofresse, tivesse a lembrança de quem me maltratou e acabou comigo?

Zé, sem perder a compostura diante de minha irritação e com o semblante sereno, respondeu-me:

– Não, Pedro. Eu o trouxe aqui para libertá-lo e prepará-lo para o que está por vir. Sofrerá mais se esconder tal sentimento, pois em algum instante ele virá à tona e com muita força, já que diante do Criador nada fica para trás, mesmo que muito escondido dentro de seu coração, lá no fundo.

– Entendo, Zé, entendo – disse me acalmando, porém as dúvidas começaram a tomar conta de meus pensamentos.

– Mas por que fizeram isso? foi permitido por Deus? Agora afirmo que Deus existe, diferentemente de antes, quando eu alimentava minha fé de outra forma.

– Deus, o Criador, é tão bom conosco que Ele nos dá o poder de escolha. Esse poder é o livre-arbítrio em que cada filho age como quer agir e responde pelos seus atos, sejam eles bons ou ruins. Mesmo que os atos forem ruins, o filho será amparado pelo Criador, porém responderá à Lei Maior e terá a oportunidade de reparar seus erros. Mas, se os atos forem bons, irá colher os frutos e continuará a caminhada da evolução para a consciência plena e para o amparo dos irmãos – disse-me Pai João de Angola.

Olhando para Pai João de Angola fui percebendo e entendendo o motivo de eu estar ali, naquele lugar e em companhia de duas entidades de Luz. Aquilo fazia parte de meu despertar, no qual perguntas estavam sendo respondidas e eu conseguiria entender tudo.

– Ainda há um trabalho a fazer e isso será iniciado, caso você deseje realizá-lo. Aqui seu livre-arbítrio é obedecido – disse Zé segurando sua bengala, apoiando as duas mãos nela.

– E o que eu faria aqui? Não sei nem o que tem para fazer.

– Conhece a Umbanda, filho? – perguntou Pai João de Angola.

Olhei para ele surpreso com sua pergunta e lembrei-me de dona Dionísia.

Pai João, sentindo minha vibração ao me lembrar de dona Dionísia, não conseguiu esconder o sorriso e disse:

– Isso mesmo, filho, nem precisa responder.

– Sim, Pai João de Angola. Eu adorava ir à macumba de dona Dionísia. Agora que estou do lado do caboclo seu Montanha, posso ir à macumba mesmo assim?

Pai João de Angola e José, escutando a minha pergunta não seguraram a gargalhada, eu sorri sem graça diante da reação deles.

– Sim, Pedro, é possível sim. Só que isso deve acontecer no momento certo e deve merecer isso – respondeu José.

– Merecer? Como faço para merecer? – perguntei entusiasmado com a resposta de José.

José sorriu e olhou para Pai João de Angola, que também sorriu, e respondeu:

– Tem que estudar, conhecer a Umbanda de forma profunda e seus fundamentos do lado do Astral. Tem que conhecer o corpo astral e o corpo físico. Conhecer o dom da mediunidade do encarnado e do espírito. Saber e se aprofundar nas irradiações Divinas e, por fim, entender os planos e as energias Divinas.

Olhei para José de boca aberta com a sua resposta e perguntei naturalmente:

– Só isso, Maestria? Tá fácil então.

Minha resposta fez com que José e Pai João de Angola gargalhassem novamente e eu, dessa vez, os acompanhei na gargalhada.

– Isso, filho, é só o começo. Quanto mais você estudar e conhecer sua mente, vai querer absorver mais e mais. Tudo que aprendeu antes de encarnar será resgatado por você e se agregará ao que aprenderá. Como eu disse, é o caminho de sua evolução sendo continuada – dissertou Pai João de Angola.

– Ninguém, Pedro, ninguém evolui estagnado em qualquer situação. O ser precisa de movimento para evoluir. Necessita de condição e ele mesmo precisa criar uma condição. Apenas assim consegue de alguma forma caminhar e evoluir dentro daquilo de que ele precisa – completou José.

– É aí então que entra a tal da escolha, o livre-arbítrio, como Pai João de Angola disse? – perguntei a José.

– Exato, é aí que o livre-arbítrio fica à disposição do encarnado e desencarnado. A todo o momento usamos o livre-arbítrio, só que não percebemos por ele estar incorporado nos nossos valores – respondeu José com sábias palavras.

Olhando para José, suas palavras faziam cada vez mais sentido para mim.

Pai João de Angola me olhava e percebia o quanto eu absorvia aquela conversa, e concluiu:

– O conhecer é o caminho, filho, à medida que você vai conhecendo vai caminhando, e a Umbanda é a ferramenta que Deus nos deu para usarmos em benefício do próximo e do nosso também. Você, quando encarnado, não é à toa que tinha uma afinidade e agora desencarnado tem a oportunidade, então, pense no que deseja, pois, caso queira, José Pilintra o guiará para a linhagem de Malandro.

Olhei surpreso para Pai João de Angola e para José, que agora também era Pilintra, e disse:

– Linhagem de Malandro?

– Sim, linhagem de Malandro – respondeu Pai João de Angola.

– Eu era malandro no morro – disse boquiaberto.

– Sim, sua afinidade já é estabelecida antes mesmo de desencarnar. Sua ligação com a Umbanda existe antes mesmo de desencarnado, ou seja, estava sendo preparado para isso antes de desencarnar. Você carrega consigo a alegria, amor à liberdade, a compaixão pelo próximo, a inteligência e o raciocínio rápido. É tudo de que um bom malandro precisa – disse Pai João de Angola, deixando-me empolgado com suas palavras.

– Só que deve merecer, Pedro, e para isso...

– Preciso estudar, mas como estudarei se não sei nem ler direito? – interrompi José Pilintra com a minha pergunta.

– Você não tinha habilidade de aprendizado em sua última encarnação, mas isso não quer dizer que nunca aprendeu a ler. Aqui suas habilidades não estão limitadas, aqui você recuperará tudo aquilo que já sabia, inclusive o saber ler. Você detém o conhecimento e tudo voltará ao normal como antes de encarnar e agregar o conhecimento de sua última encarnação. Compreende? – falou José respondendo à minha pergunta.

– Isso quer dizer que voltarei a ter conhecimento de tudo que sabia, só que agora com uma visão diferente por causa de minha última encarnação? – respondi a José com outra pergunta.

– Isso mesmo. Está vendo como aprende rápido? Isso é sua mente despertando e fazendo você redescobrir seu conhecimento – concluiu José.

– Já fala igual a você, José Pilintra – disse Pai João de Angola sorrindo.

– Oxe, Pai João de Angola, falar igual a esse homem e com essa elegância, eu teria que morrer umas cem vezes ainda – falei sorrindo para Pai João, causando sua gargalhada.

– Vá com Zé Pilintra, deixe que o guie e trabalhe, meu filho, ajude seu próximo, seja encarnado seja desencarnado.

Ajoelhei na frente de Pai João e olhei dentro de seus olhos.

– E o perdão? E o perdão que me falou? Como faço?

Ele sorriu mostrando seus dentes e respondeu calmamente:

– Use seu livre-arbítrio.

Balancei a cabeça, entendendo de fato a intenção daquele sábio negro e disse com meu coração:

– Obrigado pela conversa, é uma honra o conhecer e jamais o esquecerei.

– Eu que agradeço, meu filho. Vá em paz.

Levantei-me, olhei para José e disse:

– Vamos?

– Para onde? – perguntou ele.

– Para onde você achar que devo ir, Maestria – respondi sorrindo.

José sorriu com satisfação, despediu-se de Pai João de Angola, tomando meu braço e levemente flutuamos dali para a busca de meu conhecimento.

Capítulo XV

Meus Passos, Meu Caminho

Realmente, o conhecimento estava todo dentro de mim a todo o momento.

Só faltava eu libertá-lo para que eu soubesse que ele estava ali.

A primeira coisa que de fato aprendi é que a morte é um renascimento daquilo que eu sempre fui antes de encarnar: e saber aquilo era libertador.

José Pilintra havia me conduzido a uma espécie de biblioteca com uma infinidade de livros que minha visão não podia alcançar.

A primeira coisa que perguntei a ele, quando ali cheguei, foi:

– E qual desses eu posso tentar ler?

Ele me olhou sorrindo e me respondeu como se fosse óbvio para mim:

– Aquele que você tentar e entender. Caso não entenda, leia outro e volte depois para o que você tentou. Em algum momento ele será propício para você.

E assim fiz, por um bom período, eu li muitos livros de Umbanda nos quais, na teoria, entendi sobre a criação e as energias Divinas.

Conheci as linhas de trabalho, os orixás e me apaixonei por todos, mas em especial por Ogum e Iemanjá, que eu já amava antes de desencarnar.

José Pilintra não vinha me visitar desde então; aprendi também sobre a linha de José Pilintra e o quanto ela é respeitada pelo astral.

– O danado nunca me disse nada e eu o chamava apenas de José. Que falta de respeito a minha – falei quando realmente entendi, quando conheci a linha do Mestre José Pilintra.

Li também sobre os planos inferiores, guardiões, e guardiões Exu e Pombagira, como também Exu Mirim e Pombagira Mirim.

Estava me aprofundando na Umbanda, conhecendo seus símbolos sagrados e me apaixonando imensamente.

Até que José Pilintra veio me visitar.

– Salve, Pedro!

– Salve, Mestre José Pilintra! – respondi abaixando minha cabeça em tom de referência.

– Vejo que estudou mesmo não?

– Sim, Mestre. Desculpa não saber antes de sua importância.

– Eita! Então pare com isso que não sou divindade – disse José Pilintra demonstrando irritação.

Sorri para ele e ele percebeu minha intenção.

– Está brincando, não?

– Claro, Mestre, desculpe a brincadeira, mas lhe devo respeito e acima de tudo gratidão pelo que fez e ainda fará por mim.

– Você não me deve nada. Você é tão filho do Criador quanto eu. Nossa diferença está no grau de evolução. Apenas busque seu caminho sem seguir meus passos. Siga seus passos que a sua evolução o aguarda. Faça o bem sem ver a quem – dissertou o sábio José Pilintra.

– Suas palavras me deixam extasiado, sábio Zé Pilintra, Mestre dos mestres, Rei da malandragem, Pai dos pobres e muito mais.

– Essas são as denominações de um mistério apenas. Cada Zé Pilintra age dentro de seu mistério. Não importa o caminho, desde que ele seja o caminho de Deus.

– Está certo, Mestre, entendo.

– Gostou do lugar? – perguntou-me Mestre Zé Pilintra.

Olhei ao redor do local que era uma biblioteca imensa e com livros a perder de vista. Seu teto era de vidro onde a claridade natural passava, iluminando o ambiente. Havia ali muitos, mas muitos espíritos que vestiam roupa branca, alguns com vestimentas coloridas, e até Exu e Pombagira vi muitas vezes por lá passando, e eu sempre ficava intrigado, curioso e um tanto admirado com suas belezas.

Aprendi que eram Exus e Pombagiras que trabalhavam na Lei servindo ao Criador, mas no período em que ali estive não tive contato com ninguém, pois passava o tempo concentrado entre os livros.

Minha mente parecia uma esponja seca imersa no oceano, pois absorvia rapidamente com facilidade.

Lembranças de minha vida passada aos poucos foram se restabelecendo, e erros e acertos que se tornaram aprendizados estavam na minha essência.

– Agora tem que trabalhar. Colocar em prática seu despertar – disse José Pilintra.

– E ingressar na linha da Malandragem? – perguntei entusiasmado.

– Tem que merecer Maestro, tem que merecer. Os caminhos eu lhe darei, mas terá que trilhar por eles só. Encontrará desafios, e terá de enfrentá-los e vencê-los.

– E caso eu não vença? – perguntei, com o semblante sério, a Zé.

– Levará como aprendizado, dará um passo para trás e depois tentará dar um passo à frente novamente. Não há punição, mas, sim, aprendizado. Está pronto para começar?

Ainda olhando para o sábio Mestre Zé Pilintra, antes de responder à sua pergunta, da qual ele sabia a resposta, perguntei:

– Por quê? Por que o senhor, um mestre sábio e respeitado me ensina? Qual o motivo?

Zé Pilintra apoiou as duas mãos em sua bengala e olhou em meus olhos entortando sua cabeça, dando um leve sorriso.

– Porque você é meu trabalho, como eu disse, um dos meus trabalhos. Se eu me proponho a fazer, faço direito. Se a linha de Zé Pilintra se compromete, ela não arreda pé até que tudo esteja completo e principalmente correto com a Lei de Deus e bem-feito. Mas se pergunta sobre a minha ligação com você, no momento certo saberá.

– Ah, momento certo. Novamente o momento certo, o momento certo de voltar à Terra e ver os que eu amo, o momento certo de ver os que desencarnaram antes de mim e que eu amo, o momento certo de me tornar um malandro e muito mais – disse reclamando a Zé Pilintra que sorriu ouvindo minhas lamentações.

– Oxe! E qual a pressa? Tem algum compromisso sem ser com o Criador?

– Não, Maestria, não tenho – disse olhando para o chão.

– Ótimo. Aprendeu como se portar nos planos inferiores?

Voltei a olhar para José surpreso, e lhe respondi sem pensar e entusiasmado:

– Sim, sim.

– Então vamos trabalhar. Feche os olhos.

Obedecendo às ordens de meu Mestre, fechei os olhos e ele tocou em meu braço; senti um tranco um pouco mais forte do que eu estava acostumado.

Antes de abrir os olhos, já senti o peso da energia pesar em meus ombros.

Abri os olhos e uma forte tontura tomou conta de minha cabeça, fazendo com que lentamente eu me agachasse e apoiasse as duas mãos ao chão, buscando o equilíbrio.

Zé, percebendo e prevendo que aquilo aconteceria, colocou a ponta de sua bengala em minha testa e a tontura foi passando, fazendo parar de girar tudo ao meu redor.

– É normal se sentir assim, logo se habituará à densa energia. Sempre a sentirá quando vier a planos inferiores, mas não a sentirá dessa forma – disse ele, tirando a ponta da bengala de minha testa e a apoiando no chão de terra.

Estava tudo escuro, porém não era um breu de cegar. Vi que estávamos diante de uma porta de ferro, com paredes também grandes que se perdiam de vista dos dois lados.

No portão, havia forjado um símbolo em relevo de espadas que se apontavam e tocavam suas pontas, ao todo eram sete espadas que faziam um círculo.

– Aqui é o reino do Guardião Exu da Lei. Aja como deve agir e não terá problemas. O Guardião nos aguarda – disse Zé Pilintra para mim, pegando a ponta de sua bengala e, com a outra ponta encurvada ele bateu no grande portão de ferro três vezes.

Logo o grande portão se abriu em uma fresta e um ser, que vestia uma túnica negra cobrindo sua cabeça por completo em que apenas se viu sua boca e queixo, mesmo no escuro dava para ver o tom de sua palidez, apareceu e disse:

– Salve, Mestre Zé Pilintra!

E o ser escancarou a porta sem perguntar nada, dando a passagem.

– Salve, Exu! Agradecido. Venha – disse Zé andando e olhando para mim, que estava pasmo diante de tal visão.

Olhei para ele sem pensar e pestanejar e o segui, passando pelo ser que me olhava, mas não via seus olhos, apenas seu pálido queixo e boca.

– Salve senhor – disse-lhe, abaixando a minha cabeça em sinal de respeito e reverência.

– Salve, suas forças! – respondeu-me sério.

Um enorme pátio aberto iluminado por tochas nas paredes se apresentou.

Não havia ninguém, nenhum Exu pelo pátio e começamos a atravessá-lo, Zé Pilintra parecia saber onde estava indo.

Eu o segui até que entramos em uma das aberturas, que era um túnel largo e iluminado por tochas presas às paredes, então emparelhei meus passos com os de José Pilintra, andando ao seu lado.

Chegamos então a uma porta enorme de ferro, com o mesmo símbolo da porta de entrada do grande castelo.

Zé Pilintra parou diante da porta e, novamente, com sua bengala bateu por três vezes.

Logo após pequeno instante, Zé Pilintra me olhou e empurrou a grande porta de ferro com o símbolo das sete espadas tocando as suas pontas, fazendo um círculo.

Ele entrou e segurou a porta olhando para mim que ainda sentia um pouco o peso da energia; ao entrar pela porta, ficou mais pesada.

Passei por ele e ele fechou a porta, caminhando pelo salão grande que era iluminado por tochas e piras de fogo enormes, sendo suas bases de ferro e com o símbolo das sete espadas se tocando as pontas, talhadas nessas piras de fogo.

De longe vi uma pessoa, que vestia uma capa negra que brilhava com a claridade das piras de fogo, uma a cada lado dela, sentada em um enorme trono.

Aproximando-me, notei que se tratava de um homem grande e com uma barba que preenchia seu rosto moreno por completo.

Olhei suas mãos, apoiadas no braço do trono de ferro, e vi que nas duas mãos todos seus dedos usavam anéis.

Sobre sua capa, que também cobria o peito, vi um colar que sustentava uma enorme medalha em seu peito que refletia ao brilho do fogo, o qual era intenso.

– Salve, Guardião! Salve suas forças e os seus mistérios – disse Zé Pilintra com grande respeito ao homem do trono.

– Salve, Mestre. Salve seu mistério e sua ciência – respondeu o Guardião e logo olhou em minha direção.

Percebendo que ele me olhava, eu me mantive firme diante da forte energia e o reverenciei.

– Salve, Mestre Guardião.

– Salve suas forças, meu jovem – respondeu-me ele cordialmente.

– Nobre Guardião, trago aqui, como bem disse, esse jovem para que seja acolhido sob sua proteção, consequentemente, da Lei Maior como já falamos.

O Guardião me olhou e me fitou, e eu fiquei de cabeça baixa em sinal de respeito.

– Está preparado para um trabalho pesado e árduo, meu jovem?

Olhei para o Guardião diante de sua pergunta, respondendo de modo firme e seguro.

– Sim, senhor Guardião, estou pronto e enfrentarei o trabalho que Mestre José Pilintra ordenar – respondi-lhe, olhando para José Pilintra que deu um leve sorriso com minha resposta.

– E caso falhe? – emendou o Guardião com outra pergunta.

– Eu tentarei novamente e novamente até não falhar mais – respondi ainda mais seguro.

– Você carrega a fibra, a força e a essência da batalha. Não nega suas origens e isso eu admiro. Por isso, conforme pedido do Mestre José Pilintra, eu lhe concedo um protetor para ajudá-lo nesse trabalho.

– Obrigado, Mestre Guardião. Agradeço muito pelas suas palavras – respondi orgulhoso.

O Guardião, que me olhava, após minha resposta fechou os olhos, e logo um ser apareceu na sala ao lado de José Pilintra.

Ele vestia uma capa negra que também carregava o símbolo das sete espadas, apontando uma para as outras, formando um círculo, só que bem menor do que estava estampado na capa do Guardião.

Ele, logo que chegou, tirou seu capuz e revelou um rosto pálido e com muitas marcas, tanto no rosto como na cabeça.

Olhei bem para sua mão esquerda e vi que ele só tinha um dedo naquela mão, aquilo me chamou a atenção.

– Salve, Mestre, me chamou? – perguntou o ser olhando diretamente para o Guardião, ajoelhando-se e baixando a cabeça sem perceber nossa presença.

– Sim, Exu, eu o chamei para um trabalho. Agora que é um Exu tenho um grande trabalho para você, que é proteger o protegido do Mestre José Pilintra.

O ser olhou para o Guardião e olhou para José Pilintra, que estava entre mim e ele. Então ele se levantou e olhou para mim, voltando a encarar José Pilintra e voltou a olhar para mim. Percebi que seus olhos se arregalaram diante de nossa presença.

– Algum problema, Exu? – perguntou o Guardião.

– Não, Mestre, nenhum problema. Só estou fascinado por tal luz que rodeia os seus nobres convidados – respondeu o ser olhando para nós dois, voltando a olhar para o chão.

– Ótimo, então você protegerá esse homem a qualquer custo. Se ele cair, você cairá também. Entende? – perguntou o Guardião.

– Sim, Mestre, darei o melhor de mim para protegê-lo – respondeu o ser que o Guardião chamava de Exu.

– Muito bem! Está certo, Mestre José Pilintra?

– Sim, Mestre Guardião, eu lhe agradeço mais uma vez.

– Eu que lhe agradeço por tudo, Mestre José Pilintra.

José Pilintra sorriu para o Guardião, bateu sua bengala no chão e disse:

– Venham.

Olhei para o Guardião e falei dando um passo para trás:

– Obrigado, Mestre Guardião. Salve suas forças.

– Salve as suas – respondeu o Guardião.

O Exu vestiu seu capuz e disse antes de virar as costas:

– Salve e com sua licença, Mestre Guardião.

– Salve – apenas respondeu o Guardião.

Saímos da grande sala em silêncio, eu seguindo José Pilintra e o Exu seguindo nós dois.

Andamos pelo corredor ainda em silêncio, chegando à porta de fora no grande espaço aberto, Zé Pilintra parou e se virou para nós dois:

– Você, Pedro, irá para a Terra. Está na hora de voltar ao plano material e trabalhar.

Animado com as palavras de José, senti uma empolgação dentro de mim e não contive a felicidade.

– Nossa, é mesmo? E o que farei, Maestria? O que devo fazer? Quando irei?

José Pilintra sorriu e disse:

– Irá para o cárcere dos corpos na Terra para proteger um encarnado para que ele passe sua provação com louvor.

Olhei para José Pilintra assustado com o que ele disse e perguntei com os olhos arregalados:

– Cárcere? Corpos? Encarnados?

– Sim, irá trabalhar em uma prisão onde ajudará um encarnado que não cometeu crime algum. Tal situação parece familiar a você?

A pergunta do Mestre José Pilintra bateu em meus ouvidos e me deu um frio na espinha, correndo depois pelo meu espírito todo. Fiquei olhando para José Pilintra, depois olhei para o Exu que estava ao lado de Zé Pilintra com a cabeça baixa, encarando o chão de pedra sem dizer nem uma palavra sequer.

– Acha que não é capaz? – tornou a perguntar o Mestre Zé.

– É, sinto-me confuso. Peço desculpas – disse tentando colocar meus pensamentos em ordem.

– Pois não fique confuso. Você, encarnado, passou por isso. De imediato sentirá as sensações do encarnado e o acalmará. Você saberá como fazer isso. Você tem a afinidade de ajudar a quem precisa. Além do mais, terá a Lei Maior o protegendo o tempo todo com o Exu. Certo, Exu?

Sem levantar a cabeça e olhar para Zé Pilintra, o Exu respondeu:

– Sim, senhor.

– Está vendo? Não há por que ficar confuso. Só tem que ir e fazer seu trabalho. Faça o encarnado passar por esse momento complicado na vida difícil terrena dele. Proteja-o e não o perca para as Trevas, assim como você não se perdeu – disse o Mestre José Pilintra, me incentivando e dando forças para que eu fosse em frente.

– Está certo. Se o senhor me diz para fazer, então farei – disse olhando diretamente para os olhos de José Pilintra, que sorriu levemente.

– Está bem. Sei que fará, e tanto você como o Exu que nos acompanha se sairão bem. Será um grande trabalho de evolução para vocês dois. Vamos, eu os acompanharei até a Terra.

José Pilintra esticou a mão e eu sem pensar a segurei.

– Vou seguindo sua vibração, Mestre – disse o quieto Exu e de lá do reino do Guardião da Lei partimos.

Estava voltando à Terra depois de muito tempo e agora a trabalho. Seria um trabalho em que eu teria de lidar não só com a situação de uma pessoa presa injustamente em uma cadeia, mas também comigo mesmo e realmente constatar que o que passei preso estava anulado dentro de mim.

Usaria minha ginga e malícia onde eu precisasse. Seria cordial, mas atento com todos, tinha a Lei a meu favor, o que já era um grande trunfo, e tinha um Exu que me protegia.

Mas tinha algo maior que crescia dentro de mim com muita força.

Era a vontade de ajudar o meu próximo mais necessitado. Vontade essa que eu já carregava ainda quando encarnado e que crescia quanto mais eu me conhecia.

Era eu bebendo de minha própria essência, era o malandro brotando dentro de mim.

Capítulo XVI

Malandro Bom é Aquele que Trabalha

Bati o pé no chão ao pisar no plano terreno. O dia estava claro e o sol brilhava.

Olhei ao redor, estávamos em uma rua, e diante de um portão selado e enorme cercado por muros altos.

Vi muitos carros passando pela rua, o que chamou minha atenção, junto a pessoas que ali andavam.

– Quantos carros e pessoas com essas roupas coloridas!

– Evolução terrena. Você desencarnou há algumas décadas e desde então as mudanças são constantes.

– Décadas? – disse surpreso.

– Sim. O tempo no astral é diferente do tempo do plano terreno e material.

Logo meus pensamentos se remeteram ao morro e a algumas pessoas com quem lá eu vivi.

– Então há pessoas que já desencarnaram lá do morro?

– Sim, mas algumas ainda estão lá, terminando sua missão – respondeu José.

– E eu posso ir ao morro? – perguntei por perguntar.

– Faça seu trabalho aqui e depois falamos – finalizou a prosa José Pilintra.

Voltei a olhar ao redor, vendo a rua, os carros, as pessoas e o comércio, não hesitei em nova pergunta:

— Aqui é o meu Rio de Janeiro?

— E o que importa? O que importa se é ou deixa de ser? Vai deixar de cumprir sua missão? Não se esqueça: se você falhar, eu também falho — respondeu o Exu em tom de irritação.

Olhei para ele, que ainda vestia seu capuz negro e olhava em minha direção e disse buscando cordialidade:

— Desculpe se o ofendi com minhas perguntas. Isso não acontecerá mais.

— Não se preocupe, apenas faça o seu trabalho que eu faço o meu.

— Está certo, assim será — respondi calmamente.

José Pilintra, que acompanhou esse pequeno entrevero, apenas sorriu e continuou:

— Aqui é um lugar onde a energia é mais densa. Pensamentos de ódio e revolta atraem seres trevosos com naturalidade. Encontrará muitos deles, mas encontrará seres de luz como você que prestam esse trabalho de amor e paz. Tenha cuidado e, principalmente, seja você mesmo.

— Sim, Mestre Pilintra, farei o meu melhor.

— O Exu guiará você até seu protegido. Estabeleçam a confiança um no outro que tudo dará certo. Você e o Exu trabalham juntos aqui.

Ouvindo as palavras de José Pilintra, olhei para o Exu que de capuz olhava para o chão em silêncio.

"Com essa simpatia toda, será complicado" pensei comigo mesmo.

— E lembre-se das palavras do Pai João de Angola — escutei dentro de minha mente a voz de Zé Pilintra.

Olhei assustado para ele que sorriu e eu perguntei:

— Como fez isso?

— Isso, o quê? — perguntou o Mestre.

— Escutei sua voz em minha mente.

— Não sei do que fala. Agora vão, daqui para a frente é com vocês.

Olhei para José Pilintra e acenei com a cabeça e o Exu passou por nós, indo até a porta de ferro grande que era a entrada do presídio.

Ele então puxou as mangas de sua túnica, deixando à mostra suas mãos, sendo que em uma havia apenas um dedo.

Então ele bateu as palmas de suas mãos e uma porta sobreposta ao portão se abriu.

Dela um ser muito magro com uma aparência horripilante, a pele de cor cinza e a cabeça com fios de cabelo espalhados já quase careca, saiu e foi ao encontro do Exu.

– Estou a serviço da Luz.

– Está é? – perguntou o ser.

– Sim, vou entrar acompanhado dele – disse o Exu, apontando em minha direção.

Quando o ser viu a mim e a José Pilintra, ele se ajoelhou no mesmo momento.

– Vamos – disse o Exu, olhando para mim.

– Salve, Mestre José.

– Salve, Maestria.

Então segui o Exu, passando pela porta, adentrando o presídio.

O ser que nos abriu a porta também entrou por ela e a fechou, fazendo a escuridão tomar conta do ambiente.

Senti o peso da energia imediatamente assim que a porta fechou, junto senti uma sensação de sufocamento que trouxe à minha mente toda lembrança de quando fui preso pelo cabo Branco em minha última encarnação.

Fechei meus olhos buscando me acalmar e, por fim, me equilibrar.

– Aqui você e eu estamos a serviço da Lei Maior. Só fale com alguém se alguém falar com você e, quando isso ocorrer, seja cordial. Não eleve seu tom de voz e caso algum ser não lhe agradar, avise-me que eu cuidarei dele. Você apenas tem que entrar no campo de vibração do encarnado e fazer seu trabalho, eu tenho que proteger os dois. Compreende isso? – perguntou o Exu falando rápido e em tom um pouco ríspido.

– Sim, compreendo – limitei-me a responder para o Exu.

Ele me olhou sob seu capuz e saiu andando em minha frente, eu o segui.

À medida que eu dava um passo, sentia o peso da energia aumentar.

Logo a visão foi ficando cada vez mais clara, sendo possível ver o lugar apresentar-se à nossa frente com muitas grades pelos corredores onde pessoas transitavam.

– Aqui são pessoas que trabalham e sustentam esse lugar. Não são os presos.

Notei que algumas dessas pessoas tinham perto delas espíritos protetores que as amparavam e davam sustentação. Lembrei-me de meus estudos e vi que eram protegidas de acordo com a fé que tinham. Homens e mulheres compenetrados em seus trabalhos e protegidos, mesmo com atmosfera pesada daquele lugar.

Continuamos caminhando e, a cada grade, havia um encarnado fazendo o seu trabalho.

A energia ia ficando mais densa e, por fim, chegamos às galerias onde ficavam as celas.

Muitas estavam abertas e as pessoas transitavam livremente por elas.

Eram muitos homens andando de um lado para o outro e alguns com o peito desnudo por causa do forte calor.

Vi transitar entre eles, como se entrelaçassem naturalmente, seres iguais aos que havia aberto a porta do lugar para que eu e o Exu entrássemos.

Não usavam capas, tinham o corpo astral coberto de farrapos e a aparência cadavérica.

"Kiumbas", pensei comigo.

Começamos a nos infiltrar entre encarnados e desencarnados, então a energia pesou de vez.

Notei alguns seres de Luz no lugar, mas muito poucos comparados aos kiumbas que caminhavam pelo local, encolhidos em cantos e até alguns acorrentados a encarnados ou presos ao campo energético deles.

Não foi uma cena agradável de ver, mas entendi que era o merecimento de cada um ali dentro e até o meu.

Seguindo o Exu, que andava na minha frente, um kiumba, por quem passei e estava abaixado, segurou minha mão e pude sentir o seu toque gelado e o sentimento de desespero.

– Ajude-me, por favor, ajude-me. Tire-me daqui, sinto dor. Sinto dor.

Parei de andar e olhei para ele, vendo o medo em seus olhos arregalados e sua cabeça com poucos fios de cabelo com um enorme machucado, fiquei pasmo e paralisado.

– Não é o momento dele ainda. Vamos – disse o Exu olhando para trás.

Olhei para o Exu ainda com o ser segurando minha mão e me olhando assustado com os olhos grandes.

– Feche os olhos, irmão – disse a ele.

Ele, no mesmo momento fechou e eu posicionei a mão em sua cabeça sobre o enorme buraco, fechando os olhos, fazendo uma força com minha mão como se estivesse expelindo algo.

Então abri meus olhos e vi um facho de luz saindo de minha mão e batendo direto no crânio do ser que, de olhos fechados, sentia e absorvia tal energia.

– O que está fazendo? Chega – disse-me o Exu que voltou para trás e falou próximo ao meu ouvido.

Olhei para ele e fechei a mão, parando de irradiar a luz branca sobre o ser.

– Guarde sua força, se for caridoso, dessa forma chegará esgotado ao seu protegido.

– Obrigado, senhor, obrigado – disse o ser, chamando minha atenção.

Olhei para ele e vi que o buraco em sua cabeça havia desaparecido, e fiquei mais impressionado.

– Eu curei? Fui eu?

– Sim, você doou sua energia para esse kiumba. Agora guarde o restante para si, vai precisar, vamos – o Exu me respondeu, aconselhando-me.

Ele deu dois passos, e eu olhei para o ser que ainda segurava minha mão e lhe disse:

– Deus não esquece ninguém. Tenha paciência, irmão.

Ele olhou para mim com os olhos arregalados que se encheram de água e eu soltei a minha mão da dele. Olhei para o Exu que novamente havia parado e estava me encarando, então andei em sua direção e ele voltou a andar na minha frente no meio de todos naquele lugar.

Caminhamos até chegar diante de uma escadaria e por ela subirmos entre encarnados e desencarnados, até chegarmos ao pavimento superior e andarmos até uma porta de grades que estava aberta.

– Entre, eu montarei guarda aqui e atuarei quando preciso. Você faça seu trabalho com o encarnado que eu faço o meu – disse o Exu sem olhar nos meus olhos, olhando em direção ao chão.

– Está bem, Exu. Agradeço-lhe sua proteção.

Ele, sem responder, se colocou ao lado da porta de grades e eu caminhei para dentro da cela, que era pequena com muitos encarnados e desencarnados.

A energia lá dentro era pesada. Com minha entrada, os desencarnados ficaram me olhando com cara de assustados e alguns, sem nada dizer, saíram desaparecendo, ficando apenas dois que me olhavam em silêncio.

– Estou aqui para trabalhar. Não farei mal a vocês – disse sem ter nenhuma resposta dos kiumbas que lá permaneceram.

Com a saída de alguns kiumbas, a energia da cela ficou menos pesada.

Alguns encarnados de pé conversavam e outros sentados em silêncio pensavam, mas logo percebi que um deles, um jovem negro com o copo magro e sem camisa, deitado e encolhido em um canto, chamava minha atenção.

Eu fiquei impressionado, porque fisicamente ele lembrava meu corpo quando estava encarnado.

As lembranças de minha última encarnação estavam vivas em minha mente. Minha dor, meu sofrimento, minha angústia e a violação de meu corpo, tudo pulsava em minha mente, olhando aquele homem novo, franzino, deitado sem camisa no chão.

Aproximei-me dele e coloquei a minha mão em sua cabeça, entrando em seu campo de vibração. Todas as lembranças, que acabara de ter, ficaram mais fortes e eu sentia o que ele estava sentido.

Um aperto em meu peito me fez fechar os meus olhos, concentrando-me para que eu não me desequilibrasse.

Comecei então, irradiar sobre sua cabeça para que ele também se equilibrasse. A mesma luz, que eu havia doado para cuidar do irmão com ferimento na cabeça, irradiava no encarnado e eu sentia que ele se acalmava.

– O que pensa que está fazendo? – escutei uma voz falar atrás de mim e parei de irradiar, sentindo a energia pesar novamente no ambiente.

Olhei para trás e vi um ser, que vestia uma capa negra sem nenhum símbolo nela. Ele tinha apenas a cabeça descoberta, já que a capa o cobria até o pescoço.

Ele tinha a pele avermelhada, os olhos amarelados e exalava um cheiro muito forte de algo que eu não sabia identificar. Seu olhar ameaçador fixo em mim não me intimidou, porém sabia que teria de ter cuidado.

– Salve Maestria, salve suas forças – disse-lhe sorrindo, abaixando levemente a cabeça e olhando de volta para ele.

– O que faz aqui? Quem lhe deu permissão de atuar sobre o meu encarnado? – tornou ele a perguntar firmemente.

Olhei para a porta da cela e vi o Exu, que estava ali para me proteger, encarando-me sem se mexer.

Ao redor estavam alguns kiumbas, uns assustados e outros curiosos olhavam atentamente para o ser que falava comigo em tom ríspido.

A energia estava cada vez mais densa, e vi o encarnado se remexer e se encolher no chão com mais intensidade.

– Com sua licença e respeito, estou aqui para protegê-lo. Esse trabalho me foi dado e assim o farei.

– E quem lhe deu tal trabalho? O que o faz pensar que o fará? – tornou o ser a perguntar com os olhos amarelados fixados em mim.

– A Luz...

– A Luz? Está vendo luz aqui? – gritou o ser me interrompendo e abrindo seus braços.

De relance, voltei a olhar para o Exu que nada fazia, apenas olhava a situação ficar cada vez mais tensa ali dentro daquele pequeno espaço físico na Terra.

– Ei, Maestria, acalme-se somos todos irmãos – disse eu sorrindo ao ser na tentativa de contê-lo.

Ao terminar minha frase, o ser irado sacou de dentro de sua capa um punhal e o levou para perto de meu rosto. Só que mais rápido do que ele o Exu que lá estava para me proteger já estava ao meu lado com o seu punhal em riste, cruzando com o punhal dele e o contendo.

– Deixe-o terminar de falar. Você aqui é um violador da Lei Maior e sabe que, se atacá-lo, sofrerá ainda mais consequências. Eu mesmo o aniquilarei aqui e agora.

O ser olhou com ódio para o Exu e eu também olhei para ele mais de perto, dessa vez vendo os traços de seu rosto que me era familiar.

Na mesma hora veio em minha mente a lembrança de Pescoço e o Exu, então, olhou para mim.

As marcas e as cicatrizes ocultavam o rosto dele, vendo mais de perto a lembrança do rosto de Pescoço, que eu não via há muito tempo, se fez mais presente.

Ele, me olhando face a face, percebeu que eu o reconheci.

– Acha que aqui eu me importo com a Lei Maior e as ordens de seu Criador? Estou no fundo e do fundo eu me alimento – disse o ser trevoso interrompendo as minhas lembranças.

O Exu se virou para ele e disse rangendo os dentes:

– Já que está no fundo, então tente se manter por inteiro. Senão eu o cortarei e o aprisionarei no reino do meu Guardião. Sofrerá as consequências e pagará sua penitência. Não se envolva com o ser da luz, e deixe que ele trabalhe a favor de quem merece e precisa.

O ser, que olhava para o Exu, voltou a olhar para mim e senti seu ódio bater em meu mental. Ele começou a abaixar o seu punhal lentamente, desistindo de sua ação.

– Não atuará então em quem não deve, está certo?

– Só quero fazer meu trabalho, Maestria, não se preocupe – respondi com um leve sorriso no rosto.

– Vou voltar aqui para me certificar e deixarei um guarda meu para vigiá-lo.

– Se você voltar aqui, nós proseamos, não se preocupe. Pode me vigiar o quanto quiser. Salve suas forças! – respondi ao ser sorrindo que imediatamente desapareceu.

Olhei para o Exu ao meu lado que também me olhava e disse:

– Obrigado, senhor! Comigo é no jeito.

O Exu então olhou para o chão, puxando o seu capuz para frente e eu voltei a dizer:

– E com você é na força como sempre foi, não é?

Tendo a certeza de que eu o reconhecera, o Exu andou para a porta da cela e apenas se limitou a dizer:

– Faça o seu trabalho que eu faço o meu.

A mistura de sentimentos se fez dentro de mim. Eu estava ali dentro de um presídio na Terra, trabalhando com um encarnado preso injustamente segundo as leis terrenas e sendo protegido por um Exu que, na minha última encarnação, fez de tudo para me prejudicar por mera vaidade e ciúmes.

Lembrei então das palavras de Pai João de Angola de que o perdoar é se libertar das amarras do passado, porém eu estava ali, naquele lugar, por outro motivo.

Voltei a me abaixar ao lado do encarnado e a irradiar para que ele se tranquilizasse, assim continuei irradiando.

Então, o encarnado, que estava deitado no chão, caiu em sono profundo, pois era necessário ele estar descansado para enfrentar os problemas que estavam por vir.

Saí da cela e o Exu estava do lado de fora, guardando a porta.

Olhei para ele e disse:

– Está descansando, seu espírito precisa de equilíbrio e está bem amparado.

– Está certo. Agora você pode ir que eu ficarei de guarda permanente – falou o Exu.

Olhei para ele com espanto e abaixei minha cabeça, concordando.

– Está bem, salve suas forças – disse ao Exu.

– Salve as suas – respondeu ele sem me olhar.

Fechei meus olhos e logo em minha mente veio a imagem de Pai João de Angola.

Então, como num piscar de olhos, parti dali para buscar respostas com meu novo amigo.

Capítulo XVII

Bem-Vindo à Malandragem!

Logo estava de pé diante da pequena choupana de palha de Pai João de Angola.

Fiquei maravilhado por sozinho ter conseguido chegar lá, apenas com a força do pensamento.

– Está reaprendendo a trafegar entre planos. Isso é um dos sinais de que sua mente se liberta das amarras terrenas – disse Pai João de Angola atrás de mim, sentado em seu banco de costas para mim.

Olhei para trás e caminhei dando a volta nele, ficando de frente para o velho.

– É maravilhoso isso, Pai João de Angola. Eu estava lá e agora estou aqui com o senhor.

– E pode voltar para lá ou ir a qualquer outro lugar que tenha segurança de estar – completou o Preto-Velho.

– Sim, pelo jeito o senhor sabia que eu viria para cá.

– Sim, sabia sim. Senti sua vibração e o sustentei por isso, sempre que puder assim farei.

Ajoelhei-me na frente de Pai João de Angola com o meu coração sendo apertado pela angústia e colocando a minha mão em seu joelho.

– O senhor sabia, sabia desde o início que eu o encontraria. Por isso me veio com a conversa de perdão. Não é?

O Preto-Velho, com seu rosto marcado, seus olhos amarelados e barba branca, colocou sua mão sobre a minha em seu joelho, olhou no fundo de meus olhos e me respondeu:

– Sim, meu filho, eu sabia. Trabalho não só para sua evolução, mas também pela evolução do Exu.

– Ora, então por que tão logo não me disse que Pescoço havia desencarnado? – perguntei surpreso ao velho.

– Por causa disso. Dessa sua indignação. Se eu lhe dissesse que iriam percorrer isso juntos, você teria aceitado?

Fiquei em silêncio diante da pergunta do Preto-Velho sem saber o que responder.

– Viu só? Sua indecisão diz tudo. Foi melhor você descobrir por própria conta para que sua aceitação fosse plena. Ele, assim como você, está em evolução, só que por caminhos distintos que podem em algum momento se unir.

– Unir? – perguntei franzindo a testa e os olhos.

– Sim, unir. Ele está em condição de Exu que trabalha perante a Lei e a Justiça Divina. No momento certo, nada o impedirá de servir o Criador no lado da Luz em vez de servi-lo no lado das Trevas. Basta fazer a escolha dele, assim como você deve fazer a sua escolha se quer trabalhar como malandro e evoluir, ou em outra linha de atuação.

Por um instante, fiquei absorvendo as palavras do velho e pensando em Pescoço me protegendo do ser na cadeia terrena.

– E ele desencarnou muito depois de mim?

– Não. Ele desencarnou no mesmo momento que você.

Olhei assustado para o Preto-Velho que continuou:

– Depois de você ter sido ferido, ele também foi ferido pelo mesmo homem.

– Não me lembro disso – disse em voz baixa.

– Naturalmente que não, mas isso aconteceu.

Sem pensar em nada, então fiz a pergunta que veio à minha mente.

– E o homem que me feriu? Ainda está encarnado?

O Preto-Velho olhou para baixo, desviando seu olhar do meu, bateu com sua mão na minha três vezes e falou:

– Não, ele desencarnou pouco tempo depois e antes que pergunte, ele está nas esferas inferiores recobrando seus sentidos, já que luta contra a evolução dele.

Diante das informações de que Pescoço e cabo Branco não estavam mais em terra, de que existiam em outros planos inferiores, fiquei extremamente confuso e ao mesmo tempo surpreso.

– São consequências de escolhas, meu filho, apenas consequências de escolhas. Quando escolhemos nos afinizar em praticar o bem e amar o nosso próximo, a colheita é farta, com frutos saborosos e robustos. Porém, quando a escolha é fazer o mal prejudicando nosso próximo, a colheita é escassa e a terra é seca.

– Livre-arbítrio – disse resumindo a explicação do Preto-Velho que tentava me elucidar.

– Sim, livre-arbítrio, você fez parte da vida terrena deles, assim como eles fizeram da sua. Você teve seus erros que de certa forma, em algum momento, se encontraram com os erros deles e as consequências somente a eles pertencem.

Olhei nos olhos do Preto-Velho, entendendo de fato a intenção dele que era me colocar em minha real situação, não de vítima apenas, mas de aceitar que fiz parte do erro alheio, ou seja, entender que minhas decisões erradas levaram a outras erradas e que eu sofri as consequências, só que de forma diferente da que eles estavam sofrendo.

– Entendo, Pai João de Angola, entendo perfeitamente que se eu não tivesse provocado Pescoço usando a menina Vitória, talvez eu nem estivesse aqui, agora. Uma ação desencadeou tudo isso. Eu jamais tive a intenção de que pudesse acontecer o que aconteceu com a menina Vitória. Sinto-me de certa forma culpado pelo desencarne dela e de sua mãe – disse ao Preto-Velho, desequilibrando-me emocionalmente.

– Mas não, meu filho, você não teve a culpa, pois como disse não tinha a intenção e de fato não tinha mesmo, pois senão não estaríamos aqui tendo esta conversa. A moça e sua mãe já tinham laços com esse homem antes de encarnar, e encarnaram com a intenção de restabelecer e evoluir, ou seja, viverem na Terra, aceitarem-se e seguir em frente.

– Isso quer dizer laços matrimoniais? – perguntei.

– Não, poderiam até em algum momento ter tais laços, mas se eles fossem rompidos, tentariam viver normalmente cada um a sua vida, sem um querer atrasar a evolução do outro. Isso sim é crescer espiritualmente, encerrando ciclos antigos para começar outros novos com outros encarnados. O equilíbrio emocional é a base de todo relacionamento, e isso faltou ao homem o que o levou a cometer atos extremos. Hoje ele é um exu que merece seu grau e trabalho para evoluir. Quem sabe, como eu disse, ele terá a chance de evoluir para a luz, assim como você.

As palavras do sábio Preto-Velho se encaixavam com extrema perfeição. Além de me fazer entender que a encarnação é uma forma de evoluir diante dos relacionamentos com nossos afins, ele me ensinava uma lição preciosa: de que as pessoas ao nosso redor são as passagens de nossa própria evolução. O modo, a intenção e o meio da relação vão ditar nossos caminhos. Não será o dinheiro, os bens materiais ou o *status* da vida. Mas sim, aquilo que está dentro de nós e como externamos para fora em nossas relações.

– E como o senhor bem me disse, o perdão está dentro de nós também.

– Sim, como eu disse, essa decisão está dentro de você. Se quiser chamá-la de perdão, pode ser também – falou-me sorrindo.

– E ele precisa do meu perdão? – perguntei direto, olhando nos olhos do Preto-Velho.

– O perdão é apenas a ponte para o laço. Perdoe com seu coração se assim desejar, e siga em frente, mas, se achar que ainda não é capaz, espere. Terá muito tempo para isso.

– E isso é o que não falta aqui. Não é, meu velho?

Olhei para trás e vi Mestre Zé Pilintra chegar com toda sua elegância.

– Salve, Mestre Zé Pilintra – disse o Preto-Velho sorrindo.

– Salve, meu Mestre – disse ainda ajoelhado e olhando para trás, vendo-o se aproximar.

– Salve, velho, salve malandro.

Zé Pilintra, vestindo seu terno branco com detalhes da gravata e lapela vermelhas, usando chapéu e bengala, se aproximou de nós e disse sorrindo:

– Se a palavra é perdão, eu lhe digo que o amor vem embalado nela.

– E, não é? – disse Pai João de Angola, abrindo um largo sorriso.

– O senhor sabia de tudo, não é, Mestre? Desde o início planejou tudo isso – perguntei olhando para o Mestre José.

– Não digo planejado, mas digo que do mesmo jeito que auxilio você a despertar para a eternidade, crescer internamente para a eternidade e fazê-lo recobrar seus sentidos e sua essência, eu ajudo mais e mais irmãos. Esse, como eu lhe digo, é apenas um dos meus trabalhos.

Percebi nas palavras do Mestre que, de certa forma, não havia um plano, mas, uma naturalidade para as coisas acontecerem. Então, tive um pensamento simples que me veio à mente e logo foi interpretado por Pai João de Angola.

– Irmão, se para você é difícil, se coloque no lugar do Exu.
– Acabei de pensar isso, Preto-Velho – disse olhando em seus olhos.
– Claro que pensou – retrucou Mestre Zé Pilintra.
– Acha que ele logo após o desencarne teve o descanso? Teve um despertar sereno e ordenado igual ao seu? Não que você não merecesse, é apenas para que entenda e absorva se colocando de fato no lugar dele – disse Pai João de Angola.
– Não, Pai, acredito que não – respondi abaixando a cabeça.
– Ele errou quando encarnado e agora sofre as consequências da Lei, buscando sua redenção – falou Mestre José Pilintra.
Olhei para os dois levantando a minha cabeça, fechei meus olhos e mentalizei o Exu na porta daquela cela, montando guarda. Abri meus olhos e disse:
– Talvez, sim, entenda tudo o que me dizem, porém tenho receio de talvez não conseguir agir corretamente. Irei pensar e fazer o meu trabalho em conjunto com o Exu, pois a minha obrigação me leva ao encarnado que precisa de amparo. Não se trata de mim ou do próprio Exu que faz o trabalho dele.
– Mas não se esqueça, quando se trabalha, aprende-se. Quando se aprende, aplica-se. E quando se aplica, todos crescem – ponderou Pai João de Angola.
Olhei no fundo dos olhos do Preto-Velho, bati com minha mão em seu joelho antes de me levantar e dizer:
– Está certo, Pai João, agradeço-lhe.
– Achou o que precisava?
– Mais que isso Pai João, sua sabedoria me impressiona.
O Preto-Velho sorriu com minha afirmação e ficou me olhando.
Olhei para Zé Pilintra, que me interpelou diretamente:
– Como está o trabalho?
– Tive alguns problemas com um ser, mas dei um jeito com a ajuda do Exu – respondi sorrindo.
– Deu um jeitinho? Um jeitinho em um ser das Trevas? – insistiu em perguntar Mestre José Pilintra.
– Ora, esse não é meu trabalho? Comigo é no jeito.
José Pilintra sorriu, olhou para o Preto-Velho e voltou a olhar para mim.

– Sua essência de malandro se aflora cada vez mais. E a cada ação sua isso se torna mais presente. Quando você diz que contigo é no jeito, que quer ajudar os necessitados e, de certa forma, daria o que é seu a quem precisa sem pensar em ter algo de volta, essa é a essência do malandro.

– Malandro vive o momento. Malandro vive a felicidade, e contorna os problemas da forma correta e de acordo com a Lei. Malandro é justo, e luta com força por aquilo que acredita e carrega. Malandro é paz, mas também é guerra, e não digo guerra de enfrentamento, mas guerra na consciência, pois para ele mudar maus pensamentos é uma vitória. O malandro está em você. O malandro é você – completou Pai João de Angola.

As palavras dele fizeram as lágrimas escorrer pelo meu rosto, pois tocaram dentro de mim diretamente. Aquilo era de fato o que eu sentia, mas não conseguia até então externar em palavras.

Levei a mão aos meus olhos, cobrindo-os e José Pilintra disse:

– É, malandro chora, chora com amor e com alegria. Chora pelos seus e por ele mesmo. Malandro não tem vergonha, malandro tem ginga.

Tirei a mão de meus olhos e, ao abrir, vi que minha vestimenta de camisa e calça brancas havia mudado.

Estava agora vestindo um terno branco, calça branca e um sapato preto. Havia também uma gravata preta e, na lapela de meu terno, um lenço preto.

– Como isso? Como pode isso? – perguntei surpreso, olhando de cima a baixo para mim mesmo.

– Você é malandro e assim deve se apresentar – disse José Pilintra.

As lágrimas voltaram a escorrer pelo meu rosto, olhei para Pai João que, sentado em seu banco, também chorava em ver a minha emoção e disse:

– Você é merecedor de servir a linhagem da malandragem, que é da religião de Umbanda e se firmará na Terra nos trabalhos da Umbanda, sendo muito querida e respeitada por todos.

Fixei meu olhar em Pai João de Angola e perguntei curioso:

– Acha que sou capaz? Li muito sobre linhas de trabalho e Orixás, mas não me sinto seguro.

– Ainda não se sente, mas na hora certa deixará seu espírito ser conduzido pela naturalidade e verá que não existe a insegurança. Em

breve o levarei a um trabalho de Umbanda na Terra e verá essa insegurança toda desaparecer – disse o sábio Mestre Pilintra.
— E quando isso, Mestre? – perguntei sem esconder a ansiedade.
— Em breve, agora deve voltar ao seu trabalho de sustentação do encarnado na cadeia.
— Sim senhor, Mestre. Agradeço-lhe a oportunidade e estou muito feliz por fazer parte da malandragem de Deus – disse sorrindo a José Pilintra, que não escondeu o sorriso e acenou com a cabeça.
Olhei para o Preto-Velho e falei:
— Obrigado a você, sábio amigo Preto-Velho, farei de tudo para construir pontes para laços. Agora estou elegante? – perguntei sorrindo a ele.
— Muito, muito elegante, malandro – respondeu ele sorrindo.
Olhei para baixo, abrindo meu paletó e, vendo minha roupa impecável com os detalhes pretos na gravata, lapela, cinto e sapato, falei baixo para mim mesmo:
— Malandro, Zé Malandro.
— Zé Malandro? – perguntou José Pilintra.
— Sim, Mestre. Apenas Zé Malandro. O Zé é a simplicidade, o amor, a caridade. Todos do bem, acredito, carregam um pouquinho do Zé. Quero levar isso a todos. Quem assim quiser receber darei com todo amor e, quem não quiser, tentarei convencer com meu gingado e alegria. Zé, simplesmente Zé Malandro – disse ao Mestre com confiança em minhas palavras.
— Então, Zé Malandro tem que ter seu chapéu – disse José, fazendo aparecer em sua mão um chapéu branco com uma fita preta o rodeando.
Abri um sorriso e o tomei em minha mão, colocando-o e o entortei em minha cabeça para a direita.
— Agora vá, sambe sobre aquilo que fere as leis de Deus e gingue entre os que O renegam. Seja você mesmo, Zé Malandro – disse José Pilintra, rei da Malandragem.
— Obrigado, Mestre, e salve Maestria – disse sorrindo e dali da choupana de Pai João de Angola desaparecendo, agora como Zé Malandro da linha da boa Malandragem.

Capítulo XVIII

Malandro e Exu, Sempre Unidos

Voltei à Terra junto aos encarnados. Retornei ao presídio onde estava desenvolvendo o meu primeiro trabalho.

Apresentei-me logo ao lado do Exu, que lá ainda estava fazendo a guarda e proteção do encarnado.

Ao perceber a minha presença ao seu lado, o Exu, que vestia seu capuz que cobria seus olhos e impedia de eu olhar para ele, olhou para mim, permanecendo em silêncio. Enquanto me encarava e notava a minha vestimenta, disse:

– Salve Exu, salve suas forças.

Ele, em silêncio me olhando ainda, logo olhou para, frente e me saudou:

– Salve as suas!

O trânsito de encarnados no lugar era grande. Eles transitavam pelo vão central e ficavam entrando em celas, inclusive na cela onde estava o encarnado que nós protegíamos.

– Como está o moço, Exu? – perguntei ao Exu que não olhava para mim.

– Está apreensivo. Eu o mantenho em alerta constante e isso torna o corpo dele tenso. Por isso que seu trabalho é acalmá-lo. Eu o protejo de energias densas e você o irradia com energias cristalinas.

– Sim, Exu, farei isso, obrigado pela sua proteção.

– Só estou fazendo o que me ordenaram e você faça o seu trabalho, está certo?

– Sim, está certo.

Fui para dentro da cela onde encarnados e desencarnados se movimentavam.

Aproximei-me do jovem que estava quieto, passei a irradiá-lo e limpar seu campo espiritual, tirando algumas pequenas larvas e manchas.

Passei a irradiá-lo em seu chacra coronal e recebi em meu mental instrução de seus guias espirituais, de como deveria trabalhar para que o jovem passasse por aquele momento de sua vida que ele teria de encarar.

Com o passar do tempo, o jovem foi se equilibrando e aceitando sua situação.

O Exu trabalhava em sua defesa e eu trabalhava em seu consciente o acalmando, até intuindo em algumas situações com que ele se deparava.

O ambiente sempre pesado fazia com que muitas vezes o Exu interferisse por ele e eu o acalmava perante as situações.

Até que o Exu, que pouco falava comigo, se aproximou em um determinado momento e me disse:

– Falta pouco para que o suplício do encarnado termine.

– Alguns anos terrenos se passaram e logo ele sairá daqui – respondi com naturalidade.

– Ele está vencendo essa fase. Ficará marcado em sua matéria e espírito o que passou aqui dentro, mas ele vencerá.

– Sim, Exu, não é fácil passar pelo que ele passou. Você sabe que eu sei.

O Exu olhou para mim, e eu pude ver seus olhos negros em seu rosto pálido e marcado.

– Sim, malandro, eu sei agora, estando aqui, o que te fiz passar. Esse é um dos meus erros que aqui busco reparar – disse o Exu direcionando seu olhar para o chão.

– Eu estou aqui com você, Exu. Estamos juntos na defesa desse homem e vamos até o final.

– E você não guarda rancor pelo que eu fiz? O que te fiz sofrer? Você é apenas um dos meus erros, malandro. Tenho muito ainda a acertar – falou ele ainda olhando para o chão.

– Exu, se eu tivesse rancor ou ódio não estaria aqui com você. Passamos por alguns mal-entendidos no plano terreno onde eu também errei e, por causa desse erro, pessoas tiveram suas evoluções interrompidas.

– Vitória e senhora sua mãe – disse o Exu para mim. Eu, ao escutar os nomes, senti um frio na barriga.

– Exato, se eu não tivesse provocado a sua ira, talvez não tivesse acontecido nada disso. Claro que eu jamais pensei na intenção, mas penso nisso, e é por esse motivo que estamos aqui juntos, ajudando quem precisa.

O Exu, que olhava para o chão, olhou para mim e pude perceber a mudança de seu semblante com a minha resposta.

– Tenho o seu perdão? – perguntou-me o Exu.

– Sim, Exu, não há mágoas, não há rancor. O que passamos na nossa última encarnação, levaremos como aprendizado diante desse nosso despertar. Trabalhamos sobre nossos erros e celebraremos nossos acertos. Deus não nos desampara em momento algum – respondi ao Exu com todo meu coração.

– Obrigado, malandro, que o Criador o abençoe por isso.

– Abençoe a nós, Exu, pois somos todos filhos Dele. O que nos difere nesse momento é a situação em que nos encontramos. Isso não quer dizer que Ele me ama mais do que ama você. Está nas Trevas a serviço da Luz. Ele nos ama por igual, e nos dará uma oportunidade de aprender e evoluir sempre.

O Exu sorriu sem mostrar os dentes e vi ali nitidamente a imagem de Pescoço que eu conheci quando muito novo encarnado, sem o peso da inveja e de rancor que ele tinha por mim.

Sorri de volta para ele, sentindo uma grande satisfação em vê-lo mais leve, e isso me dava ao mesmo tempo um enorme alívio de estar pleno e de livrar-me das amarras do passado, como disse o sábio Preto-Velho.

– Tenho muitos ainda com quem me redimir, não sei se todos terão o coração pronto para me perdoar. Isso aperta o meu coração. Quando eu o vi no reino de meu Guardião, achei que estava ali para me cobrar, pois fui muito cobrado pelo meu Guardião e tive de acordar para a nova realidade muito rápido. Sofri o que tinha que sofrer. Vi casos que eu tinha que ver, e aprendi o que tive de aprender para aqui chegar e trabalhar. Continuo aprendendo e continuarei sempre.

— Sempre, Exu. O aprendizado nos é constante e necessário para que possamos crescer e despertar ainda mais. As ações sempre têm suas consequências, são cobradas quando ruins e recompensadas quando boas. Quanto mais estudarmos, aprendermos e praticaremos seremos espíritos melhores em constante evolução.

— Tem razão, malandro — disse o Exu, tirando sua mão esquerda somente com um dedo.

Olhei surpreso para ela e não hesitei em perguntar:

— Por que só um dedo? O que aconteceu? — ele me olhou com os olhos marejados e disse:

— Quando desencarnei logo depois de você, fui puxado para o embaixo. Fui conduzido para um reino onde a Lei Maior não é praticada. Logo que lá cheguei fui despertado sem tempo de descanso, muito menos tempo para assimilar minha nova realidade e situação. O ser daquele reino se apresentou como o ser que eu próprio levantei a meu favor para destruí-lo quando você estava encarnado.

De imediato veio à minha mente a lembrança de Exu Tranca Ruas que, no corpo de dona Dionísia, me disse sobre a maldade do encarnado, e que eu deveria manter a vibração alta para que ela não pegasse em mim.

— Esse ser me puxou para o reino dele, pois eu ainda encarnado me liguei a ele para que o destruísse, logo ele me escravizou e ordenou que eu fizesse trabalhos com os quais não concordava. Neguei a ele quatro vezes. A cada negação, ele cortava um dedo meu, além de me castigar impiedosamente com seu chicote de couro.

— Por isso as marcas em seu rosto? — perguntei sentindo a agonia do Exu com a lembrança.

— Por isso as marcas em meu rosto. Ele me surrava cada vez que eu emitia uma palavra qualquer, pois queria que eu o reverenciasse e eu, por mais que sofresse, não o fiz. Você sabe como sou.

— Teimoso — disse eu sério ao Exu.

— Sim, teimoso, e mesmo sabendo que ele cortaria partes de meu perispírito já machucado, eu não me renderia a ele.

– E como saiu de lá? – perguntei curioso.

– Lá, rapidamente, tive a consciência de meus atos em minha última encarnação. Os erros eram sabidos e me neguei a obedecer a seres trevosos que não seguiam a Lei Maior e a Justiça Divina. Por isso, então, supliquei ao Criador que intercedesse com todo o meu coração. Fui atendido e enviado a um reino em esferas superiores, diferente de onde eu estava, lá nesse reino fui acolhido pelo meu Mestre Guardião.

– E lá passou a trabalhar para a Luz – disse completando a história do Exu.

– Sim, trabalhar para a Luz e corrigir meus erros para, quem sabe, eu ser merecedor de estar na Luz ou até de encarnar novamente.

– Entendo, Exu. Entendo seu desejo e faço votos de que tudo dê certo. O Criador jamais deixa de atuar em cada um de nós. Suas energias chegam a todos em todos os planos. Ele é misericordioso e jamais abandona um dos filhos seus. Sofremos as consequências de nossos atos, não é?

– É sim, Maestria – disse o Exu quase sorrindo, e pude perceber que ele estava ali de coração aberto para mim mais do que eu pensava com aquela resposta.

Sorri para ele de volta também com meu coração e tive vontade de abraçá-lo, mas me contive.

– Você sabe, Exu, que cabo Branco desencarnou?

– Sim, eu sei. Ele está em esferas inferiores lutando contra si mesmo, sendo usado para trabalhos negativos contra pessoas encarnadas e a favor de pessoas também encarnadas que se afinizam com sua energia.

Fiquei olhando para o Exu, que me olhava de volta sob seu capuz, e ele perguntou:

– Está pensando em...

– Ajudá-lo? É isso que quer perguntar?

O Exu olhou para o chão, desviando o seu olhar do meu, visivelmente incomodado com minha pergunta.

– Sim, era isso mesmo o que eu iria perguntar.

– Não sei o que posso te responder, Exu. Não sei. Preciso me orientar sobre isso.

– Entendo, malandro, entendo, mas posso te fazer um pedido?

– Claro, Exu.

– Caso decida ajudar o nosso algoz, poderia me levar com você?

Surpreendi-me de fato com a pergunta do Exu e não hesitei em responder:

– Sim, Exu, verei o que posso fazer e caso tenhamos permissão, poderemos trabalhar juntos novamente. Aliás, estamos fazendo um grande trabalho com o encarnado aqui.

– Sim, estamos. Não achava que em algum momento estaríamos trabalhando juntos novamente – disse ele para mim.

– Temos uma ligação, temos um laço, e encarnamos juntos para reviver esses laços e aparar algumas arestas.

– E falhamos? – perguntou o Exu me interrompendo.

– A meu ver, depende do lado que se olha. Falhamos sim, pois nossas atitudes nos levaram ao nosso desencarne precoce. Mas, por outro lado, estávamos trabalhando e buscando nos entender, pisando em pedras pontudas com pés descalços. Isso não é falha, quando se há o contato e o confronto de ideias é saudável, e estávamos tentando. Porém, no momento que deixamos a emoção sobrepor à razão, tudo foi se acabando. Não acredito que falhamos então. Para mim, teríamos falhado se passássemos uma encarnação inteira nos evitando ou usando a falsidade como ferramenta para que ficasse tudo bem. Agora que estamos aqui, estamos de coração aberto e expondo nossos mais leais sentimentos.

– Acho que entendo o que você quer dizer, malandro. Tínhamos como trabalho nos enfrentar, lutar, nos acertar e fortificar nossos laços. Falhamos, como você mesmo disse, ao nos deixarmos levar pela emoção. Mas não falhamos em tentar, e isso é uma vitória.

– É isso mesmo, Exu. Você se mostra muito sábio e isso me deixa profundamente feliz por sua evolução – disse sorrindo ao meu velho amigo.

– E você um grande professor, malandro, ou melhor, Zé Malandro.

Sorri para o Exu e percebi de fato que ele estava pleno.

Ele merecia estar ali trabalhando e evoluindo. Merecia aquele momento e eu estava feliz por fazer parte daquele instante.

Estávamos em uma prisão terrena onde nenhum encarnado queria estar, onde nenhum desencarnado estava porque gostava, e sim, estava por trabalho para seu próximo ou aprisionado, mas foi ali, naquele lugar, que nos acertamos e fortificamos nossos laços até então frouxos.

Tínhamos uma ligação que, em algum momento, precisou passar pela fase terrena, mas falhamos juntos e agora, juntos, venceríamos e cresceríamos, pois quando se trabalha para a Luz não há outro caminho a não ser o crescimento.

Capítulo XIX

O Bom Malandro a Casa Torna

Mestre José Pilintra me chamou e, quando o Mestre chama, ainda mais se tratando de José Pilintra, deve-se atendê-lo no mesmo instante, rápido e rasteiro.

Saí do plano terreno e fui ao plano espiritual na dimensão em que o Mestre vibrava em meu mental para poder encontrá-lo.

Encontrei-o diante de uma enorme construção que parecia uma igreja, só que de tijolos claros e janelas brancas de vidro.

Olhei e fiquei maravilhado com a bela construção que, até então, eu não havia visto.

– Salve, Mestre. Que lugar lindo. Que lugar é esse?

– Aqui é onde fazemos uma espécie de assembleia e discutimos assuntos importantes. Aqui posso encontrar com espíritos que trabalham na mesma vibração que eu e outros que se afinizam com a vibração de José Pilintra.

– Hum, muito interessante, Mestre.

– Sim, porém o chamei aqui porque vamos à Terra agora, temos uma visita a fazer.

– Visita, que visita? – perguntei empolgado para o Mestre.

– Vamos ao terreiro de Umbanda da encarnada que você conheceu ainda quando encarnado.

Senti um frio na barriga e fiquei eufórico com a notícia de José.

– Dona Dionísia?

– Sim, ela mesma, que na encarnação atual dela atende por esse nome.

– Está encarnada ainda?

– Sim, porém está com bastante idade na Terra. Assim como a mulher que faz prece por você até agora.

– Donana – disse sentindo uma grande emoção dentro de meu peito.

– Sim, o amor é um sentimento que se pode sentir em qualquer plano ou dimensão. Daqui você pode irradiá-lo para lá e de lá se pode irradiar para cá. O sentimento do amor é incondicional, transcende planos, esferas e dimensões – disse o sábio José Pilintra.

– Sim, Mestre. Eu sinto amor por Donana sempre que a sinto em suas orações. Sei que tem passado por grandes problemas na matéria diante de sua doença, mas sei que isso faz parte de sua encarnação.

– E em breve ela estará no plano espiritual – completou José.

– Adoraria recebê-la, Mestre – falei com todo o meu coração.

– Tudo é merecimento, Zé Malandro. Já deve saber, não?

– Sim, Mestre. Eu sei, eu sei.

– Ótimo, então vamos? – convidou José.

– Mestre, se vamos à Terra, voltar para o morro onde eu vivi a minha última encarnação, gostaria de fazer um pedido e ser atendido em caso de merecimento, que é o que acabara de mencionar.

José Pilintra pegou sua bengala apertando o cabo curvado com mais força e apoiou no chão de pedra, mesmo sabendo o que eu pediria, prosseguiu:

– Pois peça, malandro. Aproveite as minhas palavras e me coloque em xeque como um bom malandro que é.

Sorri para o Mestre e, sem hesitar, fiz a pergunta que ele esperava:
– Gostaria de pedir para levar conosco o amigo Exu, o Exu que está sob suas ordens com a licença do Guardião dele. O Exu que tem trabalhado muito e se dedica à Luz, fazendo não só a proteção do encarnado preso, mas também a minha. O amigo Exu.

– Já chega, Zé Malandro, estou convencido.

Olhei para José Pilintra sorrindo de satisfação. Então, ele fechou os olhos, e logo o Exu apareceu ao lado dele e se colocou perante José.

– Pois não, senhor, chamou?

– Salve suas forças, Exu.

– Salve, Mestre José Pilintra.

– Exu, tenho que perguntar algo a você, mas tem todo direito de recusar. Não é uma ordem e sim um convite. Eu e Zé Malandro vamos ao plano terreno visitar o Terreiro de Umbanda da mulher que encarnou na mesma encarnação de vocês. Gostaria de nos acompanhar?

O Exu, vestindo seu capuz, olhou para José Pilintra, depois olhou para mim que sorria para ele e abaixou sua cabeça.

– Mestre José Pilintra, agradeço tal convite, mas permita que eu o recuse. Não sei se ainda estou pronto para isso e não gostaria de atrapalhar diante de um desequilíbrio meu. Sei que a mulher sentirá minha presença lá e não quero que sinta – disse o Exu.

– Está certo, Exu, sábia decisão. Não disse, Zé Malandro, tudo tem seu momento – respondeu José Pilintra olhando para mim.

Mesmo triste com a negativa do Exu, entendi sua situação e nada disse em respeito.

– Com vossa licença, Zé Pilintra e Zé Malandro.
– Salve suas forças, Exu – disse Zé Pilintra.
– Salve suas forças – falei.

Ele acenou com a cabeça e desapareceu no mesmo instante.

Zé Pilintra olhou para mim e disse com ar de satisfação que eu pude perceber o porquê é considerado o gênio da Malandragem.

– Satisfeito? – disse ele, pegando a bengala e elevando ao seu ombro, pegando-a pela ponta.

– Sim, Mestre, obrigado pela lição – respondi sem graça.

– Está para vir ainda quem dará a volta em Zé Pilintra – disse ele sorrindo e se gabando.

– Vamos? – chamou Zé.

Logo estávamos diante de um barracão, onde a construção era de paredes de tijolo.

Olhei ao redor e o lugar era iluminado por postes de luz que clareavam as ruas ainda de terra, porém niveladas ao invés de valetas.

– Estamos no morro? – perguntei a José Pilintra.
– Sim, estamos no morro.
– No meu morro? – tornei a perguntar.
– Se assim quiser chamar. Sim, no seu morro – disse José sorrindo.

Havia muitos mais barracos de madeira que se mesclavam com alguns de tijolos expostos.

O trânsito de pessoas também havia aumentado bastante.

– É a evolução terrena, Zé Malandro. O tempo na Terra passa, e os ambientes vão se alterando e aumentando o volume de pessoas encarnadas. É uma roda que gira constante e não para. Venha, quero levá-lo ao terreiro de Umbanda – disse José Pilintra.

Eu, curioso, não reconhecia mais aquele lugar que havia mudado de forma significativa e que, de certa maneira, apertou meu coração, mas segui as ordens de José e o acompanhei.

Chegamos à frente de uma construção que era grande, com uma porta também grande. Dava para ver lá dentro muitas pessoas, olhando em uma só direção e para a frente.

Ao nos aproximarmos, vi que na porta ao lado esquerdo havia um Exu que estava de guarda o qual vestia uma capa preta com um símbolo com garfos para todos os lados, que brilhava de forma intensa.

José Pilintra e eu nos dirigimos na direção do Exu e José Pilintra logo disse:

– Salve, Exu! Salve a sua guarda e suas forças.

– Salve, Mestre! – o Exu respondeu abaixando a cabeça em sinal de reverência.

– Peço sua licença para passar com Zé Malandro.

– Tem minha permissão, Mestre – disse o Exu a José Pilintra e eu, ao passar, também saudei suas forças e ele retribuiu.

O espaço físico era limitado, porém grande e cabiam muitos encarnados que estavam de pé, olhando adiante. Porém, no astral, o espaço era muito grande, onde encarnados se misturavam com desencarnados.

Espíritos de Luz e espíritos das Trevas a favor da Luz juntos em um espaço envolto por uma energia surpreendente, que me fazia muito bem. Não era uma energia pesada, pelo contrário, era uma energia leve e agradável. Fechei meus olhos para senti-la de tão forte e revigorante.

José Pilintra, percebendo minha sensação de bem-estar, disse:

– A energia é agradável, pois se mistura com a energia vital do encarnado. Quando o encarnado passa pelo Exu que está na porta, ele já está livre de energias densas que naturalmente carrega. Pela firmeza do lugar e a proteção aqui imposta, ele já chega com seus corpos espirituais limpos, ou seja, ao adentrar o campo de vibração do terreiro, ele já se livra das cargas negativas que são retiradas por Exu ou Pombagira que estão na firmeza e guarda do terreiro. Então ele, o encarnado, só entra no espaço físico com o que deve carregar, que é para ser tratado e encaminhado em caso de kiumbas ou obsessores. Esses kiumbas e obsessores não irão causar problemas à corrente, pois sabem por que estão aqui e já aceitaram a redenção do Criador.

– Estão em momento de evoluir, então? – perguntei a José.

– Sim, exato. Serão encaminhados aos seus lugares de merecimento sem causar nenhum problema à corrente mediúnica – respondeu José.

– E os que acompanham os encarnados e não entram por causa dessa proteção, são retirados dos corpos espirituais dos encarnados?

– Sim, são retirados e retidos. Por isso a energia aqui é tão boa. É a energia do encarnado sendo emanada sem filtro. A maioria dos encarnados que vai aos terreiros de Umbanda, vai com a intenção de elevar seus pensamentos a Deus e assim irradiar a fé cristalina. Os mal-intencionados também entram, mas não se afinizam com essa energia e passam a ser itinerantes. Terreiro de Umbanda onde se pratica a Umbanda sempre atrairá pessoas afinizadas com a fé, com o amor de Deus.

– E terreiro que não pratica a fé com o amor não é terreiro de Umbanda – disse completando o raciocínio de meu Mestre.

José Pilintra sorriu e falou:

– Exato, mas isso para ser compreendido ainda levará um bom tempo na Terra, pois pessoas sem o conhecimento jogarão tudo dentro do mesmo balaio, e julgarão sem pudor médiuns e sacerdotes de Umbanda.

– Acho que isso estou entendendo, Mestre – disse olhando ao redor e vendo Exu, Pombagira e entidades com quem até então não havia tido contato algum, como um caboclo que de longe chamou minha atenção por causa de tanta beleza e luz.

Zé Pilintra, vendo a minha admiração, disse:

– Venha, quero que veja alguém.

Meu espírito congelou quando pensei em dona Dionísia.

Zé foi caminhando, sendo cumprimentado por Exu, Pombagira e outros espíritos de Luz a cada passo que dava.

Eu, atrás, notei o respeito que todos nutriam por Zé e fiquei orgulhoso de ele ser meu Mestre.

Então chegamos a um espaço no qual havia algumas pessoas encarnadas organizadas em blocos, onde era possível ver que estavam acopladas a guias espirituais.

Fiquei pasmo ao ver o fenômeno da incorporação que, até então, só havia lido em livros.

– Aqui, Zé Malandro, é o atendimento que guias fazem com seus médiuns a pessoas encarnadas.

E de fato eram várias duplas de encarnados um em frente ao outro, em que o médium incorporado ao seu guia conversava com uma pessoa também encarnada.

Olhei para, trás e vi uma enorme quantidade de encarnados que ainda lá em pé em silêncio esperavam.

Olhei para frente e deduzi:

– Todos aqui atrás serão atendidos por médiuns e guias espirituais.

– Sim, exato, todos terão a chance de passar, conversar com o médium intuído pelo seu guia e receber um passe espiritual como aquele – disse Zé Pilintra apontando com a sua bengala para uma mulher que de pé estava, e o médium e o guia espiritual ligado a esse médium por meio de cordões luminosos estava atrás dessa mulher com a mão direita estendida e, sem tocá-la, irradiava uma luz que saía da palma de sua mão e da mão do guia espiritual.

Eles estavam no mesmo campo de vibração e por intermédio do corpo físico do médium, o guia, que se tratava de um homem grande e de calças de saca e camisa listrada, bem alinhado, irradiava em direção ao corpo físico da mulher.

Logo era possível ver um líquido escuro escorrer pelo corpo dela, dando lugar a uma áurea clara e iluminada de cor branca.

Tratava-se do tão estudado por mim passe energético no corpo físico. O fluido escuro tratava-se das energias negativas condensadas que escorriam pelo chão astral do espaço.

Fiquei pasmo e contente por ver como era na prática.

Então, ainda maravilhado com tudo, percebi que por trás dos médiuns e entidades havia um clarão.

Eu me desvirei e vi esse enorme clarão que, de imediato, chegava a cegar os olhos.

Vi então um altar montado com estátuas de santos, espalhadas por todo altar.

No chão, havia pedras e flores que enfeitavam o altar e do lado três tambores, mas não tinha ninguém tocando.

– Enquanto os médiuns e guias trabalham, os atabaques se calam – disse José Pilintra me guiando com maestria.

Olhei para ele e tornei a olhar para o altar, e vi a imagem de Jesus Cristo, São Jorge e, ao lado, uma imagem que logo atraiu minha atenção.

– É Iemanjá. Nossa amada Iemanjá – disse José.

– É diferente da que eu conhecia como encarnado – respondi com o olhar fixo nela.

– Sim, lembra que eu lhe disse que tudo evolui? Quando é tudo, até alguns pontos dentro da religião evolui para o entendimento humano melhorar.

A imagem era de uma mulher de cabelos negros, que tinha as mãos espalmadas para baixo e vestia um vestido azul lindo, a imagem irradiava constantemente compondo o altar.

– É maravilhosa, maravilhosa – disse a José Pilintra.

– E aquela mulher também é?

Olhei bem ao lado do altar, ora uma mulher muito velha que vestia uma roupa branca, com saia toda rendada.

Ela estava sentada em uma cadeira de rodas igual àquela de Tijolo, mas em melhor estado.

Ela olhava em minha direção sem piscar os olhos; as marcas do tempo em seu rosto denunciavam que realmente era muito velha.

– Dona Dionísia? Dona Dionísia? – disse surpreso ao Mestre José, então foi me dando uma emoção muito forte, fazendo as lágrimas escorrerem pelo meu rosto.

– Sim, ela é uma sacerdotisa anciã nesta Terra. Fez muito e ainda fará pela Umbanda até seu desencarne quase próximo.

– Minha Mãe Iemanjá! Deve ter uns cem anos – disse pasmo lembrando que o espaço de tempo na Terra é diferente do tempo no astral.

– Quase isso, mas o que importa é o quanto ela trabalhou pela Umbanda, fazendo-a crescer. Ela semeou a Umbanda no coração de muitos e muitos.

– Não tinha a noção do tempo na Terra, Mestre, não tinha.

– Natural, Zé Malandro, pois cada dimensão tem seu espaço de tempo.

Pensei então nos meus amigos e que muitos poderiam ter desencarnado.

– A evolução é individual, é de cada um, mas os laços são eternos. Não se preocupe, pois do mesmo jeito que não encontrou ainda seus amigos carnais, outros não o encontraram, mas se encontrarão.

– Entendo, mestre, entendo – disse olhando para dona Dionísia que me olhava e, então, fechou seus olhos.

– Olá, meu menino. Está lindo – falou uma voz em minha cabeça.

Senti dona Dionísia dentro de mim, sua essência, seu cheiro e sua calma.

Imediatamente caí de joelhos ao chão e comecei a chorar muito, sentindo a minha emoção misturada com a emoção dela.

Olhei para ela que, sentada em sua cadeira de rodas, me olhava novamente.

Ao levantar, comecei a andar pelo espaço do atendimento no salão e me aproximei de dona Dionísia, que me olhava com o olhar sério, fixo.

Ao me aproximar dela, ajoelhei-me ao seu lado e ela voltou a fechar os olhos.

– Vejo que encontrou seu caminho no reino dos Orixás. Você está lindo, meu menino!

Sua emoção em me ver me envolvia e me emocionava. Coloquei a minha mão sobre a dela no braço da cadeira e respondi:

– Sim, dona Dionísia, encontrei sim. É lindo aqui. Encontrei o amor, encontrei a paz e estou aprendendo cada vez mais aqui. Tudo é maravilhoso.

– Claro que é, meu menino. Tudo é lindo no reino de Deus onde há misericórdia infinita. Ele nos abraça e nos dá o seu amor infinito – disse dona Dionísia com sua voz dentro de minha cabeça.

– Sim, dona Dionísia, Ele é maravilhoso mesmo e nos mostra que também somos, pois somos sua criação.

– Espero estar em breve no reino dos Orixás também. Porém, continuo presa a minha matéria. Não consigo falar mais, tenho dores e dependo dos outros. O fim às vezes é penoso, meu menino – disse dona Dionísia lamentando.

Olhei para ela, sorri e falei:

– Pare de reclamar mulher, você passa dor, tudo isso, porque tem que passar. Só de todas essas pessoas a verem aqui vestida linda desse jeito e irradiando amor isso alimenta ainda mais a fé delas, fortificando seu trabalho de uma vida inteira.

Fez-se um silêncio e ela me disse:

– Tem razão, meu menino, tem razão. O que fiz foi apenas uma gota no oceano, mas espero que as pessoas levem em seus corações um pouco da minha fé. Se isso acontecer, é porque fiz direito e com todo amor de uma vida dedicada à espiritualidade. Para mim, é a melhor recompensa que uma sacerdotisa e um sacerdote de Umbanda podem ter.

– E levarão dona Dionísia, levarão. Olhe esse lugar, olhe essas pessoas encarnadas sendo ajudadas por entidades. Olhe as próprias entidades trabalhando em prol da evolução e em nome de Deus. Tudo só é possível aqui porque a senhora trabalhou e enfrentou quando a julgaram. A senhora sempre foi em frente e jamais fraquejou ou desistiu. A senhora manteve a fé nos Orixás e em Deus. Não tenho dúvidas de que sua gota de oceano, se unindo a outras, formará de fato o oceano.

Novamente se fez um silêncio e senti que dona Dionísia se emocionou com as minhas palavras e me emocionei também.

– Você se tornou sábio novamente, você se tornou malandro – disse enquanto as lágrimas caíam de seu rosto.

Uma mulher que estava ao seu lado a viu chorar e, com carinho, se abaixou ao meu lado e disse:

– Mãe, está tudo bem? Por que chora?

Dona Dionísia abriu seus olhos encharcados e vermelhos, olhou para a moça e sorriu, acenando com a cabeça.

A moça secou suas lágrimas e voltou a ficar de pé, vendo o trabalho no lugar que transcorria normalmente.

Eu, percebendo que poderia desestabilizar dona Dionísia, disse-lhe decidido:

– Vou-me indo, dona Dionísia. Que o Criador a abençoe em sua caminhada.

Ela voltou a fechar os olhos e respondeu:

– Olha por Donana. Ela sofre, meu menino – deu um frio em minha barriga com as palavras de dona Dionísia e respondi me mantendo firme:

– Vou olhar, vou olhar.

– E você, volta? Volta para me ver?

– Sim, prometo que sim – respondi-lhe, levantando-me.

Olhei para trás e vi o Mestre Zé Pilintra que, de longe, apoiado em sua bengala, acompanhava tudo.

Ele sorriu para mim, acenando com a cabeça e eu acenei de volta.

Firmei meus pensamentos em Donana, buscando sua energia e de lá do terreiro de dona Dionísia desapareci.

Logo estava diante do barraco de Donana. A diferença do presente para o passado era que havia mais barracos ao lado e na frente, formando uma rua sem valetas.

Estar ali me trouxe imediatamente lembranças daquele lugar onde eu ia buscar carinho, amor, conforto e, é claro, a comida de Donana.

Voltei a fechar os olhos, sentindo que tinha a permissão para entrar, era como se alguém me convidasse.

Deixei a energia me puxar e abri meus olhos novamente, vendo-me ao lado de uma cama.

Nela estava Donana deitada, coberta até o pescoço e de olhos abertos vendo o movimento de uma mulher mais nova que andava pelo barraco, parecendo que arrumava as coisas nele.

Donana estava muito velha também. Seu rosto marcado e seus cabelos brancos mostravam que sua matéria estava com bastante idade.

Porém, ela acompanhava com o olhar atento a moça que transitava pelo seu barraco.

– Salve, malandro! Seja bem-vindo!

Olhei para trás de mim e vi uma mulher nova, que vestia um vestido rosa com detalhes brancos e com um pano enrolado na cabeça. Sua saia era cheia e os bordados eram dourados.

Seu sorriso era largo e cativante.

– Salve, senhora! Com vossa licença, sou Zé Malandro – disse-lhe, tirando meu chapéu, levando ao peito e me curvando.

– Sei quem é você. Sei muito bem. Sou Baiana Maria das Águas.

– Salve, Baiana! Salve suas forças e sua luz!

– Salve as suas, Zé Malandro, ou tão famoso Pedro Cruz.

Olhei para ela, sorri e lhe disse:

– Sim, esse foi o meu nome em minha última encarnação.

– Oxe e eu sei. Sempre estive aqui com essa minha irmã. Amparei-a em todos os momentos felizes e tristes em sua vida.

Olhei para Donana com ternura, lembrando de quando estava encarnado, também de sua dor de perder um filho ainda jovem e depois a mim.

– Sim, Baiana, tiveram momentos tristes e felizes, não?

– Sim, bichinho, tiveram sim, mas ela os cumpriu com amor, como Oxum ordena, não? – disse a Baiana sorrindo.

Olhei para ela e sorri de volta.

– Sim, como Oxum ordena. Donana é amor puro e incondicional como mamãe Oxum, não é? – falei.

– Sim, ela é encharcada das irradiações de Oxum, e transborda esse amor puro e incondicional.

Olhei novamente para Donana, sorri e perguntei à Baiana que a amparava:

– Ela sofre, Baiana Maria das Águas?

– Seu sofrimento é o incômodo físico apenas. Não se preocupe logo acabará e tudo acabará bem – respondeu-me a Baiana.

Olhei para Donana com meu sentimento e aproximei minha mão em sua testa e passei a irradiar minha energia a ela.

Foi nítido e imediato ela sentir uma sensação de bem-estar.

Recordei-me de Donana nova e sorrindo. Lembrei-me de seus conselhos e preocupações para comigo, de suas palavras e de quanto chorou no dia de meu desencarne. Lembrei o abraço fofo de Donana e do quanto eu a amava.

Lembrei que ela era mãe de todos naquele morro e que no seu coração de mãe sempre cabia mais um. Lembrei-me de Tijolo, Vila Velha e Pescoço, da preocupação dela no que se referia ao cabo Branco e à minha pessoa.

– Cabo Branco – disse baixo a mim mesmo.

Voltei a olhar para Donana e vi o quanto ela amava todos. Amava de forma incondicional, sem querer nada em troca.

Então, enquanto irradiava minha energia para ela, Donana olhou para mim, dentro de meus olhos, diretamente dentro de minha alma e disse alto:

– Dora, tem um homem aqui!

Dora, que era a mulher que arrumava a casa de Donana, respondeu:

– Agora tem um homem aqui? Não é mais uma mulher que sorri?

Donana desviou o olhar de mim e olhou para a Baiana, respondendo:

– A mulher que sorri também está aqui e continua sorrindo para mim.

– Tá certo, Donana, tá certo – respondeu Dora fazendo pouco caso de Donana.

– Até breve! Donana, a amo com a minha maestria! – disse eu para Donana que sorria para a Baiana.

– Até breve, Baiana. Cuide dela.

– Até breve, malandro, cuidarei.

De lá eu desapareci. Sabia onde tinha de ir. Donana, que me ensinou o amor quando encarnado, acabara de me ensinar desencarnado.

Tomado por sua energia, parti para um lugar onde a Lei Maior não fazia ser cumprida.

Iria seguir meu coração agora e ver o que poderia acontecer, sei que não iria sozinho, levaria um amigo que se apresentou e evoluiu comigo, um amigo de jornada. Iria eu e meu amigo Exu.

Capítulo XX

Papo Bom é de Malandro

De volta à prisão dos encarnados, vi o meu protegido se relacionar amigavelmente com os outros encarnados.

Livre das más influências, ele passava essa sua fase de jornada terrena muito bem e sairia daquela prisão logo em breve, levando um ensinamento que lhe serviria adequadamente adiante. Meu trabalho e do Exu estava indo muito bem.

O Exu montava guarda na porta da cela, quando me viu, abaixou sua cabeça em sinal de respeito, dizendo:

– Salve, Zé Malandro!

– Salve, Exu, salve sua guarda! – disse sorrindo, quebrando o gelo natural do Exu.

– O que faz aqui? Está tudo em ordem – foi logo questionando.

– Sei que está Exu e assim permanecerá, pois quem não nos queria aqui já se acostumou com nossa presença e sabe que não quebraremos o acordo de não interferir em outros assuntos, a não ser o nosso. Eu vim aqui lhe propor uma missão.

O Exu olhou para mim com espanto e curiosidade, logo foi perguntando:

– Missão? Que tipo de missão?

– Uma missão de resgate – disse sorrindo sem tirar os olhos do rosto pálido e marcado do Exu.

Ele desviou o seu olhar do meu, olhando para o chão pensativo, então voltou a olhar para mim.

– É quem estou pensando? – perguntou-me.

– Não ouso ler seus pensamentos, mas sua vibração diz tudo, Exu. É sim, ele mesmo. Nosso algoz em nossa última encarnação.

– Cabo Branco – disse o Exu e sua vibração se desequilibrou por um instante – E por que quer resgatá-lo? Ele assim como eu errou e ninguém foi me resgatar – falou o Exu elevando um pouco o tom de sua voz.

– Como ninguém, Exu? O Criador não o resgatou?

Minha pergunta fez com que o Exu ficasse sem palavras diante de sua afirmação equivocada e continuei:

– Quando falo em resgate do cabo Branco, eu nem mesmo sei se será um resgate. Talvez ele mereça a nossa ajuda ou talvez não seja esse o momento de ele evoluir. Mas cabe a nós desatar as amarras para que juntos o libertemos de qualquer nó que o impeça de evoluir. Não acha?

O Exu novamente desviou seu olhar de mim e voltou a me encarar depois de pensar.

– Você tem razão, malandro, porém ainda receio me encontrar com aquele que diante de minhas escolhas fez com que eu errasse e prejudicasse meu próximo. Não sei se sou capaz de ajudá-lo.

Coloquei a mão no ombro do Exu e olhei dentro de seus olhos:

– Exu, ficar se esquivando das situações não fará que elas desapareçam. Você já não foi ao terreiro de dona Dionísia por receio e agora pensa em negar ajuda a um irmão nosso e, além do mais, se não ajudar, a oportunidade pode não aparecer mais. Portanto, não podemos virar as costas a ela quando chega. Eu vou com você e você vai comigo. Como aqui fizemos um bom trabalho, também podemos fazer lá e poderemos dizer que conseguimos ou não, mas jamais falar que não tentamos.

Sem tirar os olhos dos meus, ele balançou a cabeça positivamente e me disse:

– Verdade, malandro, tem razão. Não poderemos dizer que não tentamos.

– Então vamos, amigo? – perguntei animado e sorrindo.

– Sim, porém antes devo pedir permissão ao meu guardião.

– Claro, vou com você se assim permitir.

Ele voltou a acenar com a cabeça, fechou os olhos e eu também fechei.

Logo estávamos diante da porta com o símbolo das espadas apontando entre si, e eu senti a energia mais pesada.

O Exu tocou a porta e a empurrou, abrindo a.

– Com licença, Mestre Guardião.

– Entre, Exu – escutei a voz do Guardião lá de dentro.

O Exu entrou e eu atrás dele; o Guardião me olhou do alto de seu trono e me acompanhou com o olhar até me aproximar e o Exu se ajoelhar diante dele.

– Salve, Mestre Guardião – disse o Exu.

– Salve, Exu.

– Salve, Mestre Guardião.

– Salve, meu jovem malandro – respondeu-me sempre cordial.

– Mestre, estou aqui para lhe fazer um pedido – disse o Exu ainda de joelhos.

– Sei o que quer, Exu. Quer ir atrás do ser a quem se aliou quando encarnado.

Olhei surpreso para o Guardião que respondeu sem tirar os olhos de mim, vendo minha reação, ele disse:

– Aqui sei de tudo, malandro. E quando digo tudo, é tudo mesmo.

– Acredito, Mestre Guardião, acredito – disse abaixando minha cabeça em respeito as suas palavras.

– E o que os faz pensar que ele se renderá a vocês? – perguntou o Guardião.

– Se ele se renderá ou não, só depende dele, mas precisamos tentar – respondeu o Exu, deixando-me orgulhoso.

O Mestre Guardião fixou seu olhar no Exu que se levantava. Ele levou sua mão à poltrona de seu trono e bateu a ponta de seus dedos algumas vezes nele.

– Sou a favor sempre da evolução do ser. Jamais me oporia ao resgate de qualquer ser, seja quem for. Eu mesmo sou a evolução em mim contida, porém, deve-se respeitar não só o livre-arbítrio do ser, mas também de quem ali domina naquela dimensão. Tomem cuidado com as suas palavras.

– Sim, Mestre Guardião, obrigado – disse o Exu.

O Mestre olhou para mim e eu falei:

– Agradeço suas palavras, Mestre Guardião. Serão de grande valia.

Ele apenas acenou com a cabeça e eu olhei para o Exu, que me encarava.

– Sinta minha vibração e me acompanhe – disse o Exu, fechando os olhos e abaixando sua cabeça coberta pelo capuz.

Fiz o que ele ordenou e fechei meus olhos, meus ombros pesaram no mesmo momento em que os fechei.

Uma forte tontura tomou conta de minha cabeça, que de tão forte ajoelhei no chão, percebendo que não estava no chão de pedras da sala do Guardião.

Apertei minhas mãos e a lama escorreu pelos dedos.

Abri os olhos assustado e estávamos na escuridão, em um tipo de pântano onde só havia lama.

– Vamos afundar? – disse na escuridão ao Exu que estava ao meu lado, mas eu não o enxergava.

– Não. Não é um buraco, é apenas a lama densa da dimensão. Consegue ficar em pé?

Então me ergui ainda com tontura, nada vendo na escuridão.

– Sim, estou de pé – disse sentindo um cheiro de podre imediatamente em minhas narinas.

Levei uma mão às narinas e as cobri, dizendo ao Exu:

– Que cheiro horrível é esse?

– Quieto! Estamos cercados, eles estão a nossa volta – falou o Exu.

– O que querem aqui? – perguntou uma voz grossa ao nosso lado.

– Estamos aqui para falar com seu Mestre – disse o Exu.

– E quem é você? – tornou a perguntar a voz.

– Sou um Exu que trabalha pela Lei Maior e pela Justiça Divina.

– E acha que isso vale alguma coisa? Senhor Exu da Lei Maior e da Justiça Divina! – disse a voz em tom de deboche.

– Talvez nada para você, mas trago comigo um espírito de Luz protegido e guiado por José Pilintra.

A voz silenciou por um instante e logo disse:

– Vou levá-los a meu Mestre.

Não deu tempo nem de pensar e, num piscar de olhos, estávamos em uma sala onde as paredes eram rochosas e irregulares, iluminadas pelo fogo que estava em uma pira.

Estávamos olhando para as costas de um grande trono que ficava voltado para essa pira de fogo.

Avistei o chão também irregular e iluminado pelo fogo, vendo a lama preta em minhas mãos e parte de minha calça branca.

Olhei para o lado direito e vi o Exu encarando fixamente as costas do Trono com um olhar penetrante.

Ao lado dele havia um ser horripilante que usava roupas maltrapilhas, a pele de sua cabeça estava toda rasgada onde faltavam alguns pedaços, sendo possível ver com a luz do fogo parte de seu crânio exposto.

O cheiro de podre misturado com um forte cheiro, que eu não sabia do que era, entrava pelas minhas narinas, chegando a arder.

Voltei a olhar para as costas do Trono que, de tão grande, não parecia ter alguém sentado nele.

– Mestre, com licença – disse o ser com sua voz grossa.

– Sei quem está aí. Sabia que voltaria aqui. Tem muita coragem para vir aqui vestindo uma capa da ordem. Acha que sua capa o protegerá aqui? – falou uma voz que vinha de trás do trono.

– Não estou aqui escondido sob a ordem que sigo. Estou aqui por mim mesmo – disse o Exu coberto pela sua capa que o protegia por completo.

Logo que ele terminou de responder, como em um piscar de olhos, um ser aparece na frente do Exu, empunhando e apontando um punhal na direção de seu rosto.

O ser era pálido, quase de cor cinzenta. Seu aspecto era mais horripilante que o do ser que nos havia conduzido até ali.

Ele vestia panos que não cobriam seu rosto e corpo por completo. Também não tinha cabelos nem sobrancelhas, e seus olhos esbugalhados e pretos firmavam no Exu que não desviava o seu olhar dele.

Percebi que o forte cheiro vinha dele quando se aproximou de nós.

Sua energia densa logo envolveu meu perispírito e a senti me puxar para baixo de tão forte, então comecei a me ajoelhar lentamente.

O Exu, percebendo, abriu sua capa e a tirou por completo, jogando-a sobre mim, cobrindo-me, e ele ficou apenas vestindo uma túnica negra.

Eu, abaixado e coberto pela capa do Exu, não via mais nada debaixo daquela capa que me protegia e fazia com que eu me sentisse melhor, mas escutava o que eles conversavam.

– Viu? A capa que eu uso e o símbolo da ordem estampado nela servem para isto: proteger quem precisa. Eu não preciso de proteção, pois o senhor e esse lugar já me esfolaram muito quando eu estive aqui, sendo assim, estou acostumado a isso – tornou a dizer o Exu.

– Como eu disse, você tem muita coragem de vir aqui apenas para praticar seu ato nobre de proteger seu espírito de luz. Aqui não há nada para você. Por que voltou? Quer se tornar meu escravo? Percebeu que não há nada na Luz para você?

– Não vim me tornar seu escravo, e muito menos renegar meu trabalho na Luz. Vim aqui justamente fazer o que estou fazendo. Vim proteger o espírito de luz que o senhor está atacando para me atacar. Ele tem algo a fazer – respondeu o Exu.

Logo senti que o peso que estava sobre mim havia saído; mesmo com a capa, me acertava precisamente.

Voltei a ver a claridade quando a capa sobre mim foi retirada.

Olhei para o Exu que fixamente me olhava, e o ser que ainda segurava seu punhal já abaixado também me encarava.

– Salve, senhor. Salve suas forças – disse olhando em direção ao ser, mas não mirava seus olhos.

O ser me fitou o chapéu até meus sapatos e disse:

– A que devo a honra de sua vinda aqui? Já que não é muito comum aqui esse tipo de visita.

– Vim em busca de um dos meus que está em vosso reino.

– É um dos meus escravos? – perguntou o ser voltando seu olhar para o Exu e rangendo seus dentes.

– Sim, é um dos que aqui habitam – respondeu o Exu.

– É um fora da lei. O que você quer com um fora da lei? Se aqui está, é porque aqui merece estar. Qual seria seu interesse? – voltou a questionar o ser, só que agora em minha direção.

– Meu interesse é apenas despertá-lo em sua consciência e livrá-lo um pouco de seus erros – respondi sério ao ser.

– Despertá-lo em sua consciência? Quem disse que ele quer ser despertado? Seja ele quem for, é muita ousadia de sua parte, não acha?

– Não acho, não. Todos têm o direito de ser despertados e conhecer não só seus erros, mas também seus acertos. Assim, os erros podem ser reparados e os acertos enfatizados – respondi segurando minha emoção.

– A consciência de qualquer um que habita aqui sou eu. Aqui eu sou a lei, eu sou a justiça e eu sou a ordem – disse o ser batendo em seu próprio peito.

– Sem dúvidas, eu não só acredito como também respeito. Mas você sabe que, com o despertar, o indivíduo se empodera de si mesmo. Se ainda assim desperto ele aqui permanecer, mais força você terá – disse ao ser que ficou me encarando fixamente.

– E quem é que vocês querem?

Logo pensei em cabo Branco e o ser disse:

– Sei de quem se trata. Sei muito bem de quem se trata – falou o ser sorrindo.

Logo outro ser maltrapilho apareceu naquele lugar ao lado do ser que dominava naquele reino.

Ele estava irreconhecível do que era o cabo Branco quando encarnado.

Estava corcunda, definhando com roupas rasgadas e sem cabelo na cabeça.

Seu cheiro era insuportável, sua aparência era péssima.

– Chamou Mestre, chamou? – perguntou o ser olhando para o Mestre dele. Quando olhou em minha direção, seus olhos arregalaram e ele ficou paralisado.

O ser, percebendo sua reação, não hesitou em perguntar:

– Você o conhece?

O ser, com o olhar fixo em mim, apenas balançou a cabeça afirmativamente.

– Eu ordeno que responda em bom tom – gritou o ser.

– Sim, Mestre. Pelo tipo da vestimenta, sim. Se não estou enganado é um dos tipos que interrompi a vida terrena.

O ser olhou para mim de volta e questionou:

– É por esse motivo que está aqui? Acha que já não está desperto? Viu como ele conhece seus próprios erros? Você está errado, ser da luz. O motivo da queda dele foi a escolha dele próprio. A maldade, a ignorância e o egoísmo fazem parte dele. Percebe isso? – perguntou o ser com ar de satisfação e superioridade.

Olhei para o ser, que estava com os olhos negros arregalados, e olhei para o Exu, que me encarava atentamente.

Levei a mão a minha cabeça, pegando meu chapéu e segurei em minhas mãos.

Dei alguns passos e me coloquei em frente ao ser que, na última encarnação, atendia pelo sobrenome de Branco.

Olhei para ele e de baixo, já que estava corcunda e definhando, ele olhou para cima e deu um passo para trás, se afastando de mim.

– Salve, senhor – disse-lhe e pude perceber sua surpresa ao me dirigir a ele daquela forma.

– Para o senhor ter certeza de quem se trata, eu na minha última encarnação atendia pelo nome de Pedro Cruz. Esse, atrás de mim, você conhecia pelo nome de Pescoço. Em uma das noites terrenas, você, por livre escolha, interrompeu a nossa evolução terrena, ferindo nossa matéria. Recorda-se disso?

O ser, assustado com minhas palavras, as absorveu, olhando em silêncio para mim sem dizer nem uma palavra sequer. Então continuei:

– Isso foi apenas uma das coisas que você fez para nós. Assim como seu Mestre disse, a maldade e a ignorância fazem parte de você. Ele tem plena razão nisso. Porém, eu e o Exu aqui sabemos que dentro de você há o amor.

O ser, deu mais um passo, para trás ainda mais assustado ao ouvir a palavra amor. Eu, percebendo, continuei:

– Sim, meu irmão, o amor de alguma forma está aí dentro. Se hoje você aqui está, sei que é de seu merecimento, porém sei também que o amor que habita em você irá se manifestar em algum instante.

O ser ainda assustado olhou para o Mestre dele, o ser guardião daquele reino, olhou de volta para mim e depois para o Exu, e perguntou de forma direta e seca:

– E o que quer aqui? Veio me buscar para me castigar? É vingança que você e esse de preto procuram?

Olhei para baixo, vendo o meu chapéu em minhas mãos, e olhei novamente para o ser, mostrando a ele um leve sorriso.

– Pareço querer vingança? Pareço querer maltratar alguém?

Ele olhou fixamente para mim e nada respondeu.

– Pelo seu silêncio já sei sua resposta. Está claro que não quero vingança alguma, tanto eu como esse Exu que aqui me acompanha. O que quero é me libertar, libertar o Exu e, principalmente, libertá-lo de suas amarras da culpa do que fez em sua última encarnação.

Continuei:

– Não espero que se renda aqui e agora para sua evolução. Não espero, muito menos, que caía de joelhos aos nossos pés, arrependido com o que fez. Eu espero que você guarde minhas palavras em sua mente e que dentro de você, em algum instante, aconteça o seu despertar para a sua evolução. No momento certo em que você despertar, se lembrará de que eu o perdoo pelos seus atos perante a mim.

O ser me olhava firmemente e pude no mesmo momento perceber a sua alteração de vibração.

– Eu também o perdoo, ser das Trevas, perdoo por tudo que fez e espero que seu despertar para a evolução seja breve e sereno – disse o Exu, percebendo também a mudança de vibração do ser.

Olhei para ele orgulhoso com suas palavras, que vieram de dentro de sua mente e de seu coração.

O ser dominante daquele reino, também percebendo a alteração vibratória do ser, interveio mostrando certa irritação, dizendo:

– Está bem, está bem. Vá agora, ser imundo. Volte para o seu trabalho antes que eu o jogue no calabouço. Vá! – ele gritou.

O ser, antes de olhar para seu maioral, olhou para mim novamente e depois para o Exu.

– Está bem, Mestre, com licença – e dali, como apareceu, desapareceu.

O ser irritado com o que havia acontecido disse:

– Essa conversa de evolução e amor aqui não surte efeito algum, ainda mais com um imbecil desses.

Eu olhei para meu chapéu e o levei à minha cabeça, colocando o.

Levantei minha cabeça olhando para o ser e, com um sorriso disse, perguntando:

– O senhor tem certeza disso?

O ser não conseguiu segurar sua ira e gritou:

– Como ousa vir aqui e me questionar diante de meu trono?

Pude sentir sua ira e a forte energia densa que ele emanava.

O Exu rapidamente interveio, colocando-se na minha frente, protegendo-me do choque energético para que eu não o sentisse.

– Peço desculpas, senhor. Nossa tentativa aqui foi em vão. Tudo fica como está. Seu escravo não deu ouvidos a nós e já se foi. Então, com sua licença, vamos partir.

O ser olhava com seus olhos negros e arregalados para o Exu, querendo atravessá-lo com seu olhar para me atingir.

Sua energia foi se dissipando e ele, ainda irritado, esbravejou:

– Vão embora. Saiam de meu reino antes que eu decida aprisioná-los em minha dimensão.

– Sim, senhor, sua ordem será cumprida. Salve suas forças – disse o Exu ao ser e se virou para mim.

– Vamos – falou visivelmente irritado.

Sorri para o Exu à minha frente, que cobria o ser com suas costas e disse:

– Estou sob sua proteção e ordem, vamos Exu. Salve suas forças, ser das trevas.

Nenhuma resposta do ser foi ouvida, e o Exu levantou sua capa e me envolveu.

Logo ele a tirou e estávamos de volta ao presídio.

– Está louco? Quer ficar preso naquela dimensão inferior? – perguntou o Exu irritado comigo.

Eu, sem esconder a satisfação e orgulho, disse:

– Obrigado pela sua proteção, Exu. Sem ela eu não teria conseguido, pois sabe que conseguimos, não?

– Claro que sei, Zé Malandro, claro que sei, mas só não entendi por que fez aquilo de provocar o ser no final.

Sorri levemente para o Exu, chegando a mostrar os dentes para ele e lhe disse:

– Porque minhas palavras endossadas pelas suas não atingiram somente o cabo Branco que, em algum momento, cederá para a evolução, nós atingimos o ser guardião da dimensão que brigou não conosco, mas com sua consciência.

O Exu ficou me olhando tentando entender e eu o ajudei a raciocinar.

– Malandro traz na sua essência a arte de trabalhar na consciência de qualquer ser pensante. Quando malandro fala, ele não conversa com a pessoa, ele fala para a consciência dela, faz com que a consciência escute e reflita sobre aquilo que o malandro disse. Ultrapassamos a barreira em que o ser pensante se coloca, e atingimos com amor e sabedoria. O mais profundo sentimento da malandragem, principalmente, é quando conseguimos sentir que chegamos lá, a satisfação é inevitável.

O Exu me olhava petrificado com minhas palavras.

– Então em algum momento o ser que, na última encarnação, foi cabo Branco despertará.

– Sim, não tenho dúvidas sobre isso, pois está no mental dele o meu e o seu perdão. Isso foi uma semente que plantamos, ela germinará e crescerá, despertando o anseio de seguir em frente e evoluir. Quando esse momento chegar, poderemos estar lá se assim desejarmos.

O Exu acenava com a cabeça, concordando com minha resposta.

– Entendi, Zé Malandro. Você é muito astuto.

– E você é um grande protetor. Senti-me seguro com você, Exu, obrigado.

– Eu que agradeço – disse o Exu, colocando a mão em meu ombro.

Não havíamos resgatado cabo Branco, porém não era essa a intenção, mas havia demonstrado a ele que algo maior o aguardava e que estaria lá quando quisesse acordar.

Havíamos mostrado a ele que o amor e o perdão podem ser praticados em qualquer plano, em qualquer esfera e em qualquer lugar.

Bastava apenas abrir o peito e deixar o amor entrar ou, então, se deixar ser levado pelo papo de um malandro.

Capítulo XXI

Morro em Festa

Senti uma vibração maravilhosa. Uma sensação e uma alegria dentro de mim que não lembrava, que já havia sentido, quando Mestre José Pilintra me chamou e disse:
– Salve, Zé Malandro.
– Salve, Mestre, meu Mestre: – disse sorrindo a José Pilintra.
– Não sou seu Mestre. Está pronto para seguir sozinho e tomar suas próprias decisões para sua evolução. Já tem a consciência plena e fará bom uso de tudo que aprendeu.
Tirei o meu chapéu da cabeça, levando-o ao peito, sorri com meu coração e disse:
– Para mim não importa onde eu esteja ou estarei, sempre será meu Mestre e amigo. Meu amor por você é algo inexplicável ainda, mas eu hei de descobrir.
– Será? – respondeu José Pilintra com um ar misterioso e sorrindo, deixando-me ainda mais curioso.
– Por que será? Tem algum segredo para me revelar? – perguntei voltando meu chapéu para a cabeça.
– Não jogue o verde para colher o maduro para cima de mim, Zé Malandro. Aqui dou nó até em rabo de cometa – respondeu o sagaz Mestre.
– Mas o chamei aqui para outro assunto e não, especular para minhas vidas passadas que só a mim pertencem.
– Pois não, Mestre – disse me colocando à sua disposição.

– Vamos à Terra, mais precisamente, ao terreiro de nossa irmã a que você tem apreço.

– Dona Dionísia – disse sorrindo completando a fala do Mestre.

– Sim, o morro está em festa – falou José Pilintra sorrindo e pude sentir uma emoção vinda de sua vibração.

Fiquei irradiante com a notícia do Mestre que ainda disse:

– Depois vamos fazer um trabalho lá mesmo no morro, mas na hora lhe avisarei.

– Está bem, Mestre. Estou a suas ordens.

– Agora é hora – disse José Pilintra, dali desaparecendo.

Fechei os meus olhos, mentalizando o plano terreno e a imagem do barracão de dona Dionísia.

Quando abri meus olhos, estava diante do barracão, do lado de fora dele.

As portas estavam abertas, e era possível ver que havia bandeiras coloridas penduradas no teto de uma extensão a outra.

O trânsito de pessoas que entravam no barracão e saíam dele era intenso.

Pessoas que vestiam roupas brancas, entre homens, mulheres e até crianças, com a cabeça coberta de pano para as mulheres e touca para os homens.

– Estão preparando tudo para a grande festa – disse Zé Pilintra se achegando ao meu lado.

Olhei para ele e sorri sem conseguir responder a nem uma palavra sequer já que meu peito estava tomado pela emoção.

Ele, percebendo minha situação, colocou mais pimenta nela.

– Será um momento de reencontro, no qual todos que passaram pela sua última encarnação e já desencarnaram estarão aqui.

Sem poder conter a lágrima que escorreu pelo meu rosto, olhei para José Pilintra e para o céu azul terreno, iluminado pelo forte sol que clareava a Terra.

– Será que aguento, Mestre? – perguntei em voz alta e uma voz de mulher respondeu atrás de mim.

– Morrer do coração você não vai.

Logo olhei para trás me virando e vi uma mulher nova, com uma vestimenta de renda e com pano na cabeça enrolado.

Essa vestimenta era da cor amarela com detalhes em branco que vestia seu tipo franzino, sua feição era linda, de pele morena clara.

Franzi meus olhos por um instante e logo espontaneamente disse:

– Vitória!

Ela abriu um sorriso lindo e seus braços para me dar um abraço.

Vi as lágrimas escorrendo pelo seu rosto e logo as minhas também começaram a rolar pelo meu.

Abracei-a com meu coração, chorando e sorrindo, assim abraçados ficamos por um instante.

Afastei-me dela e disse:

– Você está mais que linda. Vejo que é uma baiana formosa.

– E você sempre na mesma elegância, mesmo depois de morto – respondeu-me gargalhando e eu gargalhei junto.

Passei as costas da minha mão em seu rosto ainda sorridente e disse fechando meu sorriso:

– Desculpe-me pelo que fiz. Por minha causa você desencarnou.

– Oxe! Sua causa, que nada! Aconteceu tudo porque aconteceu. Não tenho mágoa e rancor de ninguém, não – respondeu Vitória fechando seu semblante também.

Eu, percebendo que havia coisas a serem resolvidas mesmo que pequenas, insisti:

– Mesmo assim, me perdoe. Jamais na minha consciência sabia que por causa de a uma ação ingênua e provocativa aconteceria o que aconteceu.

– Tudo bem. Não foi sua intenção, mas se fará bem a você e a mim, eu te perdoo. Sei que não teve intenção. E como devo te chamar mesmo? – perguntou ela voltando com o sorriso para seu rosto.

– Zé Malandro – respondi, pegando nas abas de meu paletó, que puxei me exibindo.

– Zé Malandro, lindo. Eu sou baiana das forças de Iansã. Pode me chamar de Maria Clara – respondeu ela sorrindo.

– Maria Clara, que linda! Que Iansã a cubra sempre, Maria Clara – disse-lhe sorrindo, segurando suas duas mãos.

Logo veio à minha mente a lembrança de sua mãe e não hesitei em perguntar:

– Sua mãe da encarnação passada está como?

– Oxe, maravilhosamente bem, trabalhando nas forças da mãe Jurema sagrada. Seu espírito retornou ao seu lar – disse Maria Clara transbordando de satisfação.

– Que ótimo, Maria Clara. No fim, ficamos todos bem. Aqui vejo como a vida terrena poderia ser mais leve, não? Quando encarnados, as preocupações com bens materiais engolem de fato o que verdadeiramente somos.

– Sim, Zé Malandro. Seria tudo mais fácil se os encarnados se preocupassem com o seu próximo e o que ele sente em vez de querer acumular riquezas materiais que permanecerão na Terra após o seu retorno ao plano espiritual – disse Maria Clara.

– Mas na encarnação tudo isso faz parte. A riqueza é um meio para ver como o encarnado se portará na sua encarnação, assim como a pobreza, porém as duas condições têm em comum o relacionamento com os outros encarnados. Isso está acima de tudo e as escolhas determinarão se haverá evolução ou não.

– Isso mesmo, Zé Malandro. Mostra como Olorum é misericordioso conosco. Ele quer que em nossa caminhada possamos evoluir sempre e com direcionamento correto – concluiu Maria Clara.

Eu, sem perder a oportunidade em minha essência de Malandro, emendei:

– Por falar em evolução direcionada, sabe por acaso como está Pescoço?

Senti a vibração de Maria Clara balançar, mas ela logo se recompôs, colocando-se firme. Ela olhou para o chão e voltou a olhar para mim:

– Sei que ele foi às esferas inferiores e depois de sua consciência retomada está na condição de Exu, trabalhando para a Luz.

Apertei as mãos dela com mais força e sorri com a plenitude que aquela baiana portava.

– Isso mesmo. É dessa forma que ele se encontra. Despertou os seus sentidos e está buscando a sua evolução por si mesmo. Sofreu o que tinha que sofrer pela ação das condições em que se encontrava, mas agora sofre apenas pelo que ele sente. Temos trabalhado juntos e, digo a você, é um grande amigo.

Maria Clara, olhando para o chão, apertou minha mão, sorrindo com timidez e me disse:

– Obrigado por me dizer isso, fico contente que Pescoço esteja evoluindo na caminhada dele.

– Mas hoje é dia de festa, não é, Baiana? Vamos lá sentir a boa energia e sustentá-la – disse sorrindo, elevando o tom de minha voz.

– Sua essência sempre foi de alegria, não é Malandro?

Sorri para ela e olhei para o Mestre José Pilintra, que havia se afastado de nós para que conversássemos.

Ele se aproximou e Maria Clara foi logo cumprimentando.

– Salve, Mestre, salve seus mistérios.

– Salve, Baiana, salve sua luz! Vamos! A festa vai começar – falou Zé Pilintra sorrindo.

Entramos no barracão, passando pela porteira que era protegida de um lado por um Exu e do outro por uma linda e formosa Pombagira que olhava seriamente a todos que pela porteira passavam.

Entre encarnados e desencarnados passamos pela porteira. O espaço físico era de bom tamanho e enfeitado com bandeiras coloridas, flores espalhadas por todo lugar e folhas pelo chão todo. O altar, com muito mais imagens que antes, tinha em destaque Oxalá, Iemanjá e Ogum, havia flores de todas as cores que o enfeitava. Os atabaques, que eram três, estavam com panos coloridos amarrados neles, nos quais três Ogans aguardavam o início do trabalho.

Já no plano astral o espaço era bem maior, onde entidades acompanhavam o que acontecia no plano terreno. Vi Caboclos, Pretos-Velhos, Boiadeiros, Baianos, Mestres, Ciganos, Erês, Exus, Pombagiras, Exus mirins, Pombagiras mirins, cada um em sua vibração, cada um em seu espaço respeitando o seu lugar. No astral também tudo era muito enfeitado com flores; diferentemente do plano físico não havia teto, mas um céu azul lindo envolto pela energia que mesclava as cores verde e rosa. Algo realmente impressionante que eu nunca havia visto.

– É festa e está aqui quem quer estar, não importa a linha de atuação. O que importa é o amor que vibram e por quem vibram – disse Mestre José Pilintra.

Olhei para ele boquiaberto e voltei a olhar para o altar, vendo dona Dionísia sentada em sua cadeira de rodas. Ela bem idosa, corcunda, quase não se mexia, mas seus olhos acompanhavam tudo que ali acontecia.

Logo uma mulher foi ao centro do espaço físico e falou:

– Salve os Orixás, salve as entidades, salve os Caboclos.

O lugar estava abarrotado de encarnados que bateram palmas saudando.

De suas mãos era possível ver a energia de cor verde dissipar no ar a cada palma batida.

Logo os atabaques começaram a rufar, os três ogans em sintonia a bater com toda força; a energia era emanada com mais intensidade envolvendo os presentes, fossem encarnados ou desencarnados.

Então a mulher, que parecia comandar o início dos trabalhos, foi envolvida pela energia de um caboclo que se apresentou, ele transvestido pelo corpo dessa mulher se ajoelhou, fazendo o corpo dela também se ajoelhar, e bradou com toda a sua força, esticando seu braço e o da mulher, apontando para o altar.

Dona Dionísia, sentada em sua cadeira, apenas acompanhava tudo de forma imóvel.

Os outros médiuns passaram a incorporar os caboclos e as caboclas, fazendo a energia explodir de forma espetacular. Ela circulava em meus olhos envolvendo a todos que ali estavam, inclusive a mim, dando-me uma sensação de bem-estar maravilhoso.

– A energia de nossos irmãos caboclos e nossas irmãs caboclas, mesclada com a energia vital dos encarnados, provoca essa mistura que se torna uma terceira energia.

– Por isso é forte e intensa?

– Exato, Zé Malandro, a energia sutil do Caboclo com a energia vital do encarnado, que é mais intensa por sustentar a matéria. Sinta, absorva.

Fechei meus olhos, seguindo a recomendação de meu Mestre José, e puxei pelo meu peito sentindo a energia entrar.

Então, os atabaques cessaram e a mulher já desincorporada disse:

– Salve os Baianos!

Os atabaques voltaram a bater com mais intensidade e alegria. Os médiuns ainda estavam incorporados nos caboclos que se iam, dando lugar aos baianos e à sua energia.

Vi espíritos com vestimentas simples e vestimentas maravilhosas se aproximarem. Homens com calças até os joelhos e baianas com saias de renda de tudo quanto é cor.

Era lindo de ver a ligação deles com os médiuns.

– Está na hora – disse José Pilintra.

– Hora de quê? – perguntei olhando para ele.

– De você incorporar em um médium.

Arregalei meus olhos e um frio bateu em minha barriga! Surpreso e afinando a voz perguntei:

– Eu? Agora?

– Sim, agora. Você possui o dom de incorporar em um médium que também possui esse dom.

– Dom? Eu? Mas qual médium? – perguntei ao Mestre ainda surpreso com sua afirmação.

– Aquele de olhos fechados esperando você – disse José Pilintra apontando para um homem negro de corpo esguio muito parecido com o meu.

Fiquei paralisado olhando para o homem, mas logo senti uma afinidade por ele. Posso dizer que foi amor por aquele médium que eu nunca tinha visto no meio daquela multidão.

– Isso mesmo. Você será recebido pela espiritualidade dele e fará parte da caminhada terrena desse médium. Ajudará a espiritualidade dele comandada pelo Baiano Tomás.

– Baiano Tomás? – perguntei a José Pilintra sem tirar os olhos do rapaz.

– Sim, Baiano Tomás o recebe de braços abertos na coroa desse médium. Agora vá, se aproxime e deixe o dom que Deus lhe deu fazer o resto.

– E como, meu Mestre?

José Pilintra sorriu e disse:

– Use seus instintos.

Escutando as palavras de José e ainda olhando para o rapaz, fui andando em sua direção, aproximando-me dele.

Senti sua energia, que me envolvia e se misturava com a minha energia. Fechei os olhos e deixei simplesmente acontecer.

Logo senti um tranco no meu corpo espiritual e abri meus olhos.

Estava vendo o plano terreno pelo olhar do médium e o médium via o plano terreno através do meu olhar.

Nós, em um só corpo, estávamos unidos pelo dom da incorporação.

O meu movimento era o dele e o movimento dele era o meu.

Porém, senti que logo ele se acostumou com a minha energia e se deixou levar por mim. Então me senti no controle de sua matéria, que obedecia mais a mim do que a ele que a tinha, contudo, total autonomia sobre ela.

Eu lhe dava a minha energia e ele dava a mim a sua, resultando na terceira energia explicada por José Pilintra.

Os atabaques fervendo, e aquilo encheu o nosso peito de emoção e coragem. Olhei para trás e vi homens e mulheres animados que batiam palmas ritmadas com os atabaques.

Então, apontei para um homem que usava um chapéu preto, dizendo espontaneamente as palavras que saíram da boca do médium no qual eu estava incorporado.

– Doutor, tu me empresta?

O homem que batia palmas olhou para nós e, sem pensar, tirou o chapéu da cabeça e deu em nossa mão.

Pegamos o chapéu e olhamos para ele, levando-o à cabeça, abaixando e cobrindo o nosso olhar.

Queria o médium concentrado, firme e que principalmente confiasse em mim. Ele ali me passou essa confiança, assim como eu passei a ele.

Então, a passos miúdos, fui começando a sambar, como fazia quando estava encarnado.

Fomos em direção ao atabaque e escutava o som dele se aproximar de nós.

Sentia o coração do médium com vigor e eu não sabia mais separar ele de mim. Já no pé do atabaque, começamos a sambar com mais intensidade, entrelaçando as pernas e abrindo os braços.

Senti a empolgação dos atabaques no mesmo instante, pois passaram a responder a meus movimentos com toques de samba.

As palmas se intensificaram e a energia, que já havia explodido, explodiu novamente.

O nosso corpo respondia aos nossos movimentos com facilidade, pois o médium sabia sambar e isso eu usava com facilidade nessa parceria.

Quando percebi que os atabaques iriam parar, eu sambava com todas as minhas forças e alegria, então o toque final veio, tirei o chapéu da cabeça e gritei através de nossa boca:

– Salve a Malandragem!

Fui então ovacionado por uma salva de palmas pelos encarnados que, entusiasmados, batiam sem parar.

Olhei, colocando o chapéu em nosso peito, os rapazes dos atabaques que riam surpresos entre eles e para nós.

Olhei para trás e via os encarnados batendo palmas e sorrindo.

Sentimos uma felicidade extrema, eu e o médium.

Então olhamos para dona Dionísia, que nos olhava, e vi uma lágrima escorrer pelo seu rosto.

Colocamos o chapéu em nossa cabeça e nos aproximamos dela.

Ajoelhamos em sua frente e tomamos sua mão, levando à nossa boca, beijando-a.

– Tão bela, eu, o seu criado – disse olhando nos olhos enrugados pelo tempo, levando dona Dionísia às lágrimas.

Sorrindo nos levantamos e tiramos o chapéu, levando ao peito e nos curvamos, agradecendo ali a todos que ainda batiam palmas.

Então, saí do campo de vibração do médium, deixando um pouco de minha força, levando um pouco da dele comigo. A troca energética fazia bem aos dois.

Olhei para o Mestre José Pilintra, que sorria de volta para mim.

Aproximei-me dele que foi logo dizendo:

– Parabéns pelo seu trabalho, ajudou a sustentar a energia do ambiente.

Com a felicidade batendo forte dentro de mim, passei os olhos no ambiente, e encarnados e desencarnados ali presentes estavam envoltos pela energia.

Então, na porteira, uma coisa chamou minha atenção. Vi o Exu, meu amigo Exu, conversando com a Baiana Maria Clara.

Meus olhos se encheram de lágrimas, pois poderia não ser o perdão dela para ele, mas já era um grande começo.

– Tudo se cura, malandro, não existe o incurável para quem sempre está em busca – disse José Pilintra.

– Sim, Mestre, eu sei, eu sei – respondi olhando para o Exu e Maria Clara que conversavam.

– Sabe? Então olhe – falou o Mestre, tirando minha atenção do Exu e da Baiana, fazendo-me virar para trás.

Minha felicidade, que já era grande, ficou maior ainda quando dei de cara com Tainha, Vila Velha e Tijolo.

Abri meus braços e dei um grito alto, abraçando os três de uma vez só.

Comecei a chorar compulsivamente enquanto os abraçava.

– Meus amigos! Meus amigos! – dizia entre soluços.

Eles também emocionados nada falavam e me abraçaram todos juntos. Dei um passo para trás e vi Tijolo vestido quase igual a mim e de pé, sem cadeira de rodas, com as lágrimas correndo pelo seu rosto.

– Tijolo, você está em pé? Está em pé! – disse-lhe sorrindo e chorando.

– Sim, Zé Malandro, em pé. A dificuldade da matéria não vem para o espírito – disse Tainha.

– Meu amigo Tainha. Que saudades! – disse o abraçando, o mesmo homem que eu amava como pai quando encarnado.

Olhei de volta para ele, que vestia uma camisa azul-clara e uma calça de saca.

– Que roupas são essas, Tainha?

– Ora, sou da linha de Marinheiro da amada Mãe Iemanjá.

– Que lindo, Tainha! Que lindo, meu amigo!

– Sim, lindo é vê-lo sambando como malandro. Fico orgulhoso de ver vocês três seguindo essa linha tão linda – falou Tainha.

– Marinheiro Tainha, presumo – disse eu apontando o indicador para o alto e sorrindo – e você, Vila Velha?

– Ora, Zé Malandro, eu, como ele, estamos em despertar – respondeu apontando para Tijolo.

— Meus amigos, meus irmãos de coração, eu agradeço a Pai Olorum por ter tido a honra de passar uma encarnação junto a vocês — disse emocionado novamente.

Tainha, Marinheiro Tainha, colocou as mãos em meus ombros e disse olhando em meus olhos:

— Nossos laços foram fortificados e não tenho dúvidas de que serão laços eternos. Quando encarnados, nos relacionamos muito bem e agora pela Umbanda, minha amada Umbanda, continuaremos a seguir e ajudar quem precisa, encarnado ou desencarnado. Ajudaremos quem precisar para que a evolução e o amor pleno, incondicional e ordenado seja alcançados. Eu amo vocês com toda a minha essência.

Olhávamos para Tainha paralisados com suas palavras. Até que Tijolo quebrou o gelo:

— Eita! Que o homem está demais! — disse, soltando uma gargalhada acompanhado por todos.

Então, Mestre José Pilintra, que tudo acompanhava, disse ao pé de meu ouvido:

— Vamos, é chegada a hora.

Acenei com a cabeça e falei aos amigos:

— Com licença, preciso ir, senhores, em breve nos veremos.

— Salve, Zé Malandro! — disse Tainha e todos saudaram.

Olhei para eles sorrindo e acenei com a cabeça, seguindo Mestre Zé Pilintra na sua vibração.

Logo estávamos em um quarto que, a princípio, não reconheci, porém havia quatro espíritos vestidos de branco dos pés à cabeça, onde uma touca branca com um símbolo dourado iluminava.

Vi que estavam à volta de uma cama e, ao lado, vi a Baiana Maria das Águas que me olhava sorrindo.

— Donana — disse eu baixinho para mim mesmo.

Olhei para Mestre Zé Pilintra e as lágrimas escorriam pelo seu rosto. Frisei os olhos estranhando sua reação, mas resolvi respeitá-lo.

Aproximei-me da cama e Donana parecia dormir, ao seu lado sentada em uma poltrona Dora, a mulher que cuidava dela, lia um livro tranquilamente.

– Esses irmãos, regidos pelo pai Omolu, estão trabalhando no desencarne de Donana – disse Mestre José Pilintra e as lágrimas escorrendo pelo seu rosto.

Nada pude responder, pois senti uma mistura de felicidade com apreensão.

– Eles a estão desativando da matéria para que o espírito de Donana, por fim, possa ir para o seu lar – concluiu o Mestre.

– E para onde ela irá, Mestre? – perguntei baixinho para não interromper o trabalho de nossos irmãos sobre Donana.

– Oxe, ela irá comigo. Levarei Donana para se banhar nas cachoeiras de Mãe Oxum. Eu ordenarei seu despertar com todo meu amor – disse Maria das Águas.

As palavras da Baiana me deram tranquilidade, tirando a apreensão de meu peito.

Os irmãos trabalhavam em silêncio nos chacras de Donana, até que em um momento o corpo de Donana respirou fundo e aspirou com força, chamando a atenção de Dora, que parou de ler o livro.

– Donana, Donana? – ela disse se ajoelhando a seu lado e pegando em sua mão.

Então, os irmãos pegaram nas duas mãos de Donana e a sentaram na cama. Ela que parecia sonolenta, disse:

– O que é? Quem são vocês?

Maria das Águas se aproximou de Donana e disse:

– Não se preocupe, não tenha medo. Aqui só têm pessoas que a amam.

Donana, visivelmente perdida, olhou para Maria das Águas e disse:

– Mulher que sorri.

Maria das Águas sorriu mais ainda para Donana; eu, sabendo que ela iria embora, mais que depressa me aproximei dela, tirando meu chapéu e levando ao peito, falei:

– Olá, Donana. Eu a amo.

Donana olhou para mim e disse:

– Pedro, meu Pedro, estou sonhando?

– Não, Donana, você está acordando. Vá com a mulher com lindo sorriso. Confie nela que tudo vai dar certo.

Donana apenas acenou com a cabeça, olhando-me fixamente.

Dei um passo para trás e Mestre José Pilintra se aproximou:

– Vá, minha mãe. Vá com ela, e que Deus a receba com todo amor que Ele lhe deu.

Donana apenas acenou com a cabeça. Maria das Águas colocou a sua mão na cabeça de Donana e ela fechou os olhos. Então um portal dourado se abriu, e eu vi um lindo campo de rosas amarelas que não tinha fim.

Logo as duas desapareceram e o corpo de Donana, deitado na cama com Dora segurando sua mão e chorando copiosamente, ficou.

Enquanto os irmãos pareciam terminar seu trabalho, Mestre José Pilintra deu a volta e colocou sua mão nas costas de Dora que, aos poucos, foi se acalmando.

Então ele voltou ao meu lado e eu não hesitei em perguntar:

– Mãe? Mãe? Então você era...

– Carlos, Carlinhos. Fui o filho que Donana perdeu para a febre amarela. Minha passagem terrena na última encarnação foi breve.

– E você foi meu melhor amigo – disse apontando para o Mestre.

– Oxe, pensei que éramos ainda – falou o Mestre me olhando de rabo de olho e sorrindo.

– Claro, claro que somos. Agora eu entendo quando você disse que tínhamos uma ligação.

– Zé Malandro, a vida no astral é uma extensão da vida terrena, assim como a vida terrena é uma extensão da vida no astral. São ciclos que se completam onde seu livre-arbítrio sempre irá imperar. Como eu lhe disse, os laços sempre permanecerão e o amor sempre o guiará, não importa o plano ou a dimensão – disse Zé Pilintra com extrema maestria.

– Meu amigo. Sou amigo de Zé Pilintra, o rei da Malandragem! – disse a ele sorrindo.

– E eu, de Zé Malandro, o dono do samba no morro!

Sorri de volta para José Pilintra, que sorriu para mim, e eu coloquei meu chapéu na cabeça e abaixei a aba.

– Aonde vai, malandro?

– Ora, Mestre, vou trabalhar. Vou espalhar minha alegria e meu amor com a sabedoria e com um pouco de samba.

– Tudo isso, malandro? – perguntou Zé Pilintra sorrindo.
– É claro, malandro que é malandro leva de tudo um pouco na aba do chapéu.
E de lá desapareci rumo ao meu morro.
É o Fim, Maestria!
É só o Início...

MADRAS® Editora

Para mais informações sobre a Madras Editora,
sua história no mercado editorial
e seu catálogo de títulos publicados:

Entre e cadastre-se no site:

www.madras.com.br

Para mensagens, parcerias, sugestões e dúvidas, mande-nos um e-mail:

marketing@madras.com.br

SAIBA MAIS

Saiba mais sobre nossos lançamentos,
autores e eventos seguindo-nos no facebook e twitter:

@madrased

/madraseditora